我国地方政府融资创新与融资风险分担机制研究

杨波 著

中国财经出版传媒集团
中国财政经济出版社

图书在版编目（CIP）数据

我国地方政府融资创新与融资风险分担机制研究 / 杨波著 . --北京 ： 中国财政经济出版社，2016. 12
ISBN 978 -7 -5095 -7185 -9

Ⅰ. ①我… Ⅱ. ①杨… Ⅲ. ①地方财政 - 融资 - 风险管理 - 研究 - 中国 Ⅳ. ①F812. 7

中国版本图书馆 CIP 数据核字（2016）第 317792 号

责任编辑：卢关平　　责任校对：刘　靖
封面设计：孙俪铭　　版式设计：董生平

中国财政经济出版社 出版
URL：http：// www. cfeph. cn
E - mail：cfeph @ cfeph. cn

社址：北京市海淀区阜成路甲 28 号　邮政编码：100142
营销中心电话：88190406　北京财经书店电话：64033436　84041336
北京财经印刷厂印刷　各地新华书店经销
787 × 1092 毫米　32 开　7 印张　178 000 字
2019 年 11 月第 1 版　2019 年 11 月北京第 1 次印刷
定价：28. 00 元
ISBN 978 -7 -5095 -7185 -9
（图书出现印装问题，本社负责调换）
本社质量投诉电话：010 - 88190744
打击盗版举报热线：010 - 88190492，QQ：634579818

序　言

金融对地方政府履职的支持作用必不可少。作为重要的市场参与者，政府必须遵守金融市场规则，通过相关制度安排严格地管控融资风险。2008 年金融危机以来，政府投资在拉动经济、保持经济平稳运行方面发挥了巨大作用。同时，随之而来的是巨量政府融资及政府债务的增加。随着供给侧结构性改革的深入，地方政府职能不断拓展，加之存量债务到期需要偿还，财政支出压力不断增加。地方政府必须保持可持续的负债水平，融资制度也迫切需要完善。因此，如何在维持金融良好运行的环境下进行地方政府融资创新成为不能回避的研究课题。结合供给侧结构性改革，本书把地方政府融资纳入到制度背景下深入考察，从风险分担机制的视角研究地方政府融资创新，具有较强的现实意义。

本书从地方政府职能入手，阐述了地方政府融资的基本概念及制度变迁。对西方主要政府融资理论李嘉图定理进行了介绍，对巴罗的后续研究进行了梳理，并对其在我国的应用进行了评析。从制度演进入手考察了我国地方政府融资制度变迁的影响因素，在此基础上对地方政府隐性融资制度的发展历程进行了概括，对地方政府融资创新进行了探讨。具体分析了地方政府融资平台的运行，总结了当前地方政府融资平台存在的问题。从融资平台的视角展望了地方政府融资制度创新的方向。

探讨了地方政府融资风险的形成及地方政府融资风险与金融风险、财政风险的转化机理。从金融市场运行角度分析风险分担理论，并结合政府融资创新探讨PPP模式下的风险分担，同时借鉴了美国、日本等发达国家在地方政府债务风险防范方面的经验。定义了地方政府融资风险分担机制定义的内涵与外延，比较了其同市场风险规避机制如担保机制、保险机制的区别。同时，在对市场融资机制分析的基础上对风险分担的机理展开论述，具体分析了政府政策性融资中的风险与收益，在理论上形成了政策性融资机制与市场融资机制的对接。

深入分析了财政资金可持续介入模式。研究了融资创新下政府融资分担机制，并以PPP模式为例证，分析了通过财政资金可持续介入机制引入政府融资风险分担机制的可行性，并从宏观制度层面及微观管理方面提出了风险分担机制建设的建议。

通读全书，我认为本书具有以下三个明显特点：

一是理论结合实际，具有较强的应用价值。本书介绍了最新的政府融资理论，结合PPP模式，分析了PPP模式对地方政府融资风险分担的意义，从而使融资风险分担机制接了地气。从制度层面提出了完善地方政府融资制度的建议。

二是清晰地再现了地方政府融资制度的变迁。结合经济发展阶段这个线索，全面分析了地方政府融资的来龙去脉，把地方政府融资分为三个阶段，并对地方政府融资平台进行了分析，从历史的角度把握了地方政府融资的过去，并从创新的角度揭示了地方政府融资制度的未来。

三是视野开阔，内容全面。本书对地方政府融资进行了全面分析，既有宏观制度的探讨，也有微观机制的分析，并落实到了对策层面。

综上所述，本书无论对于地方政府融资理论层面的研究者还是操作层面的政策制定者都具有一定的参考价值。

贾　康

摘　要

随着我国市场经济建设的推进，地方政府成为独立的经济行为主体，因而财政体制的构建应该满足财权与事权匹配的基本要求。随着供给侧改革的启动，以拉动需求为核心的地方政府融资平台（以下简称平台）融资方式也必将不断创新、完善，地方政府融资方式必将适应以需求为核心到以供给为中心的供给侧改革转变。《中共中央、国务院关于深化投融资体制改革的意见》提出，完善政府投资体制，发挥好政府投资的引导和带动作用，以及加快地方政府融资平台的市场化转型的进程，地方政府融资制度创新呼之欲出。

在经济放缓情况下，企业“去杠杆”，而地方政府在风险可控、融资可持续发展的基础上需要“加杠杆”，并保持地方政府杠杆安全，这对地方政府融资创新提出了新要求。2015年1月1日新预算法生效，地方政府只能通过发行政府债券融资，地方政府将不能为企业融资提供担保，政府不得举借企业性质的债务，平台面临转型的必然要求，融资制度创新势在必行。尽管目前我国地方政府已经开始发行地方政府债券，但是从总量上看仍然有限，对地方政府资金缺口而言仍然是杯水车薪。因此，地方政府融资平台在将来一个时期内长期存在，我国地方政府融资制度创新必然是渐进的、可持续的。

此外，自1994年分税制改革以来，中央事权下放而财权上收的趋势明显，这无疑造成地方政府财力紧张。近年来，城镇化进程加速，地方政府基础设施投资迅速上升，这类资本性支出造成了地方政府财政压力越来越明显。特别是近年来全球经济放缓，“三期叠加”下，我国经济步入新常态运行轨道。与此同时，经济新增长点尚未出现，民间投资大幅下滑，因而积极财政政策力度不得不持续加大。地方政府融资需求不断增加，但地方政府融资平台融资方式造成地方政府债务透明度较差，造成地方政府债务难以准确计算，潜藏着巨大风险。

实际上，自改革开放以来，地方政府一直存在融资需求，这种需求在现行财政体制下受到了压抑，在地方政府财力压力不断加大下，往往通过变通的方式得到释放。一方面，金融市场的发展壮大为政府融资提供了客观现实条件。另一方面，分税制后产生的预算软约束使得上级政府默许了地方政府融资行为，于是地方政府纷纷成立融资平台来获得资金。地方政府融资平台为弥补地方政府日益扩大的资金缺口，发挥了巨大的融资作用，对于基础设施建设具有重要的现实意义，这种方式也体现了我国现行财政体制的创新。然而，融资平台方式属于一种隐性融资手段和一种权宜之计，上级政府部门很难有效监管，会造成地方政府融资风险不断积累。特别是2008年年末金融危机以来，在实施积极的财政政策下，中央政府需要地方政府资金配套进行大量投资，以保持经济增长，这样地方政府债务急剧上升，保守估计在14万亿元以上。

地方政府融资风险，本质上是隐性融资下各种风险向财政风险过度转化的结果。就化解这种风险，促使地方政府融资可持续发展，笔者有如下观点：

第一，融资制度创新是解决地方政府融资风险积聚问题的根本途径。地方政府融资风险产生于隐性融资制度的土壤，在这种制度下，地方政府融资难以监管，难以形成有效的管理制度。因而，单从风险管理制度上着手，只能治标很难达到治本的效果。目前，地方政府融资风险凸显的现象是制度演变过程中矛盾积累的结果，必须从制度上创新才能从根本上解决问题，由“暗”到“明”的制度转变是问题的突破口，能使地方政府融资步入可持续发展轨道。

第二，融资制度创新核心在于风险分担机制的建立。在市场化融资中要形成可持续的地方政府融资制度，必须避免风险向财政的过度转移，客观上需要一种分担机制来阻断本不应由财政承担的风险。在融资市场上，微观主体间存在的风险与收益匹配的机制为构建政府融资提供了理论基础。因而通过这种微观机制建立政府融资风险分担机制，把属于市场的风险交由其他市场主体承担，而地方政府仅仅承担政策性融资风险。

第三，通过构建财政可持续介入机制在政府融资领域引入风险分担机制，成为联通微观风险收益匹配机制与宏观财政融资的桥梁。地方政府基础设施属于准公共产品，投资风险大，如果单纯依靠市场机制很难获得资金，因而在财政资金（政策性资金）投入下或者税收优惠下有望达到投资主体的市场收益预期，同时微观主体也应承担相应市场风险。

基于这些观点，本书从宏观制度层面和微观管理层面提出建立风险分担机制的对策。首先，要完善阳光融资制度，不断完善地方债管理制度，比如完善地方政府发行债券程序、地方政府的偿债机制、风险控制机制等。其次，构建地方政府政策性融资制度，同时引入市场约束机制，通过市场机制转移部分市场风险，达到风险分担的目的。在微观管理层面，引入市场竞争机制，通过融资方式创新方式优化风险结构以及完善风险监管过程等，创新 PPP 风险分担机制。

关键词： 地方政府融资　地方政府融资风险　风险分担机制　PPP 模式

Abstract

With the advance of China's market economy, the local governments constitute as independent economic actors and for the construction of the fiscal system, responsibilities and taxes power should be matched to meet the basic requirements. Since tax system reform in 1994, the central government tends to have more taxes power and share fewer responsibilities under the current fiscal system, which will undoubtedly cause the local government's shortage of financial resources. In addition, in recent years, to accelerate the process of urbanization, local government's investments in infrastructure have increased rapidly. Consequently the tendency that capital expenditure results in financial pressure on local government is increasingly apparent.

In fact, since the reform and opening up, there has existed local government financing needs. However the demand under the existing financial system has been held up. Since the financial pressure continues to strengthen, the financing need of the local government often through alternative ways gets released. Development and growth of financial markets provides local governments with the objective conditions. On the other hand, the soft budget constraint resulting from the tax system makes the higher levels of government acquiescence of the local government's finance act. So, local governments have established financing platform to get the funds. This approach constitutes as innovation under our current financial system. With the local governments funding gap increasing, local government finance platforms have played a tremendous role in the financing for the construction of infrastructure and been of important practical significance. However, financing approach through the platform is a hidden means and it is difficult to effectively monitor and control by the higher-level governments and their departments. The financing risks of local government therefore continue to gather. Especially since the implementation of proactive fiscal policy during the financial crisis in late 2008, the central government requires that local governments match funds to invest heavily in order to maintain economic growth so that local government debt has risen sharply. As a result the total debt of local government is estimated at leat 8 trillion. The financing risks in essence result from that various risks of implicit financing transfer into the financial risk. To resolve this problem, and promote the sustainable development of local government financing, the paper has the following view:

Firstly, innovation of the financing system of local government is the fundamental way to solve the problem of risk accumulation. The outbreak of local government's financing risks is rooted in the implicit financing system. In this system, local government's financing is difficult to be controlled. It is difficult to come out with an effective management system. Thus, simply management system of risk from the start, can only act only as a symptomatic treatment and it is difficult to achieve radical results. Currently, the local government finance risks become highlighted, which is the result of the accumulation of contradictions during the evolution of institutional innovation. Further institutional innovation must be a fundamental solution to the problem and constitutes as a breakthrough for the transformation of the "dark" means into an "out" regime.

Secondly, the innovation of financing system lies in the establishment of risk-sharing mechanism. To form a sustainable finance system of local government in market we must avoid the excessive transfer of risk to the financial risk. Objectively we need a mechanism to block the sharing of all the financial risks by government. In the finance market, the existence of such risks-benefits matching mechanism provides for building a theoretical foundation for government financing. Thus the mechanism formed by micro-sharing mechanism has the micro participants bear the risk of market and the local governments just bear policy financing risks.

Thirdly, the building of sustainable financial mechanism for the local governments to introduce the risk-sharing mechanism acts as the bridge of the risk-return matching mechanism to e financing in a macro way. Local government infrastructure is quasi-public goods of big investment risks and is difficult to rely solely on market mechanisms for funding. But if financial support by local government (policy funded) or investment tax exemption guarantees the market returns of the investors as expected, the main micro participants can bear the market risk.

Based on these ideas, this paper proposes countermeasures from the macro level and micro-management aspects to establish risk-sharing mechanism. First of all, to improve the system of financing and have a transparent means of finance, such as the establishment of local bond system in the issuance of bonds while shifting some market risk make it clear in the law and smooth away "*Budget Law*" obstacles. Second, construct the local governments' policy financing system, while introducing market discipline mechanism. As for the micro-management level, the introduction of market competition, optimization of the risk financing structure through innovative ways and improvement of the risk control processes can be effective.

Keywords: Local Government Finance; Risks of Local Government Financing; Risk-sharing Mechanisms; PPP

目　录

第1章 绪　论

1.1　问题的提出与研究意义

1.1.1　问题的提出

地方政府作为独特的经济主体既有维持日常运转的政府消费性支出，又有通过参与公共项目建设形成的资本性支出。地方政府支出在宏观经济逆周期调控中发挥着举足轻重的作用。在目前财政体制下，一方面，地方政府事权偏多，财权相对下移；另一方面，追求经济增长的刺激形成地方政府投资冲动，造成地方政府财政资金紧张，最终不得不依赖融资。我国经济快速发展引起事权迅速增加以及城镇化建设的推进，地方政府出现了巨大的资金缺口。随着地方政府融资迅速膨胀，产生了巨大的隐形政府债务，形成了巨大的地方政府融资风险。

实际上，我国地方政府融资行为由来已久，20 世纪 90 年代，地方政府利用信托手段获得大量资金，扰乱了金融秩序，形成金融风险。比较典型的例子是地方政府直接干预农村信用社经营，为乡镇企业直接担保融资，使得农村信用社成为县、乡政府的“提款机”。1998 年为了应对亚洲金融危机，地方政府通过土地抵押、财政收入担保，运用“资产增信”提高融资平台的授信标准，获得了大量银行信贷资金。2006 年五部委联合出台《关于加强宏观调控整顿和规范各类打捆贷款的通知》，要求“各级地方政府和政府部门应严格遵守有关法律规定，禁止违规担保；整顿和规范银行各类打捆贷款，切实防范贷款项目的信用风险和法律风险”。2008 年为了应对全球性金融危机，出台了 4 万亿元刺激计划，地方政府必须安排配套资金才能获得中央经济刺激计划资金的支持。在这种情况下，地方政府为实施经济刺激计划提供充足财力支持的难度在不断加大，这也成为财政资金紧张地区部分项目的地方配套资金到位率较低的主要原因之一。因此，地方政府纷纷成立融资平台公司，利用上级政府宽松的融资管理，通过发行城投债，取得最低限额资本金，通过政府担保方式充分发挥地方政府融资平台的作用，通过银行信贷撬动了巨额投资。审计署审计结果显示，截至 2013 年 6 月底，全国共有 7170 个融资平台公司，地方政府负有偿还责任的债务达 10.89 万亿元，负有担保责任的债务 2.67 万亿元，可能承担一定救助责任的债务 4.34 万亿元，其中融资平台公司作为债务主体共举借 4.08 万亿元，来源于银行贷款的地方政府债务共计 10.12 万亿元，占总负债的 56.56%。实际上，这些借款均为融资平台在商业银行的直接贷款，在贷款政策收紧下，融资平台利用信托、理财等方式滋生出“影子银行”，进而获得资金，可以估算融资平台通过这种方式获得的资金不可小觑。在已支出的政府负有偿还责任的债务 10.19 万亿元中，农林水利、生态建设等基础性、公益性项目的支出 8.7 万亿元，占 86.77%。以湖南省某市为例，截至 2012 年年底，政府债务累计达 41.39 亿元，约占全年 GDP 15.72%，按全市 410 万人口计算，人均负债约 1010 元；按 12.4 万名财政供养人员计算，人均负债达 33382.03 元。市本级债务 59733.66 万元，县市区债务 354203.53 万元。负债最多的高达93250万元，最少的也有49504万元。按举债项目分，外债（主要是世界银行贷款和国际农业发展基金贷款）12333.19万元，占2.98%；国内债务401604万元，占97.02%。按偿还期限分，一年以下的有80700.94万元，占19.4%；1—4年的有72352.44万元，占17.5%；5—10年的有184495.56万元，占44.6%；11—20年的有51831.66万元，占12.5%；20年以上的有1589.25万元。全市92个乡镇办事处有86个负债，负债面高达93.48%，负债总额达103854.3万元，平均每个乡镇负债1128.85万元。负债最多的乡镇高达5289万元，已用完了未来十余年的财政一般预算收入。

因此，随着融资平台数量的迅速膨胀及贷款规模的急速增长，地方政府债务爆炸式增长，潜在风险愈来愈大。地方政府举债缺乏明渠、债务管理“借、用、还”脱节，一些地方多头举债问题突出，而且债务资金大多没有纳入预算管理，举借和使用缺乏人大和社会的有效监督，重借不重还。此外，通过企业举债造成融资成本过高，增加地方政府还款负担，地方政府债务增长过快，风险不容忽视等。2010年以来，中央出台了规范和清理地方政府融资平台的相关文件，对地方政府融资平台融资行为进行了规范，并提高了融资平台的准入标准及资产质量要求。2014年10月国务院下发了《关于加强地方政府性债务管理的意见》（国发〔2014〕43号），规范了借债主体，省级政府以下无举债权利，明确了“剥离融资平台公司政府融资职能，融资平台公司不得新增政府债务”，并规定了政府举债范围，鼓励地方政府采用PPP方式吸引民间资金进行项目建设，初步提出了解决地方政府融资“如何借”、“怎么借”、“怎么还”的问题。2012年以来银监会收紧了对地方政府融资平台贷款。商业银行利用理财产品等，绕过监管，这类影子银行工具由于监管不规范、信息透明度低、融资成本高等因素，存在相对较高的风险。

事实上，为了“变堵为疏”，在逐步赋予地方政府举债权的情况下，中央政府进行了一系列尝试，从2011年开始，进行了地方债财政部代发及地方试点自发。财政部代发及地方试点自发的地方债合计在2013年、2014年两年分别达到3500亿元、4000亿元的规模。2014年，国务院批准地方政府自发自偿，总规模为1092亿元。由于地方政府融资缺口巨大，尚不足万亿元规模的地方政府发债难以替代融资平台作用，仅能弥补融资平台空间。2015年财政部发行3.2万亿元债券置换到期地方政府债务，延缓了地方政府融资风险，但难以从根本上解决问题。

本书认为地方政府融资平台只是政府和金融市场对接的一种手段，政府的行为绝不能凌驾于市场机制之上，地方政府必须遵循市场规律，充分利用好市场机制以履行公共服务职能。反观积极财政政策实施中，地方政府没有遵循风险约束机制，简单依靠政府信用出具政府安慰函来成倍地放大融资杠杆，融资风险不断扩大。在资金预算的软约束下，缺乏融资是否合理的评估标准，更为严重的是在现行预算约束下地方政府的信用并不独立存在，中央政府无法切断同地方政府的资金支出责任联系，地方政府融资具有随意性，融资风险不断积累。在此背景下，我们不得不深层次思考这样两个问题：第一，地方政府融资的风险是如何形成的？第二，如何构建地方政府可持续融资之路？要回答第一个问题，我们必须把地方政府融资纳入到改革30多年中的历程中来思考，这样才能够揭示现象背后的规律，还事物以本来面目。因而要了解政府融资的根本目的，我国地方政府融资依靠何种方式，融资发展历程怎样，风险如何形成等。要回答第二个问题，我们不但要从制度演变中发掘线索，而且要从融资的基本原理入手，回到市场体制框架下考虑金融市场运行的基础，即风险收益匹配原则，进而探索市场机制下的风险分担规律。通过引入风险分担机制，构造政策性融资的路径，从而利用市场机制从根本上解决地方政府融资风险积累过多的问题。近年来，地方政府融资在引入市场机制方面进行了积极探索，但存在一些问题。具体来说，在机制设计上，需要完善地方政府的发债机制，同时引入PPP模式吸引民间资金参与项目建设。

1.1.2　研究意义

地方政府融资问题既是财政体制改革的重要问题，又是投融资体制改革的重大问题，近年来引起了学术界的广泛关注。但是诸多研究仅局限于债务风险本身，因而不利于从根本上解决问题。本书把地方政府融资纳入到制度背景下深入考察从风险分担机制的视角研究地方政府融资风险，具有一定的理论意义与现实意义。

1. 有利于从根本上解决地方政府融资风险积聚问题

地方政府融资风险根源于隐性融资制度，基于市场机制设计的风险分担机制隔离了非政策性融资风险转向财政风险的转化渠道，同时有利于市场机制发挥作用。

2. 有利于融资制度创新

风险分担机制的建立有利于规避融资中的市场风险，政府仅承担政策性风险，因而消除了融资制度创新的隐忧。

3. 有利于准公共产品领域的政府管理

地方政府基础设施融资模式本质上是一种管理模式。融资风险管理在管理中具有核心地位，广义上而言，项目管理中的风险均可以演变为融资风险，通过对项目建设层面的风险分担研究有益于项目的建设管理。

4. 财政可持续介入机制在实践中具有重要的意义

我国近年来政策性金融体系弱化，政策性资金功能在经济建设中的作用被忽视，这也是宏观调控中出现地方政府融资风险凸显问题值得总结的地方。本书认为，通过财政资金可持续介入机制的完善，发挥政策性资金的杠杆作用，对于发挥地方政府职能具有重要的现实意义。

1.2 研究综述

在投融资体制改革及地方政府职能的转变下，地方政府在经济系统中的主体作用不断强化，政策性支出不断加大，地方政府融资问题逐渐进入研究者的视线。特别是2008年金融危机以来，地方政府融资风险凸显下，掀起了地方政府融资平台研究的高潮。地方政府融资研究属于交叉研究领域，研究范围比较广，研究内容主要集中在以下方面：

1. 对政府融资理论的研究

政府的一个重要职能是提供公共产品，因而融资目的是为了提供更多的公共产品。袁静（2001）认为政府需要庞大的资金提供公共产品，仅仅靠政府的自有财政资金是很难完成的，因而必须进行中长期融资（范从来，2002；李文俊，2008）。

王劲松（2002）探讨了融资决策无效理论对中国的启示，认为李嘉图等价理论的条件不成立，我国财政政策对消费无效的原因更复杂。杨军（2001）探讨了公债的支出、偿还等的经济效应。

2. 地方政府融资模式创新的研究

众多学者提出地方政府融资市场化发展的观点。蔡书凯（2014）测算了地方政府融资的成本，政策性融资最低，BT和影子银行融资方式最高，认为要扩充政策性融资渠道，适当放宽商业银行贷款渠道，控制BT和影子银行渠道。孙慧（2010）从国际比较的视角认为，在基础设施建设超前的情况下引入信托、打包贷款等方式吸引资金，建立能够吸引多种资本的融资中介。

邹宇（2009）认为城市基础设施投融资体制改革由政府主导型向市场驱动型转变，由政府投资为主转向私人部门为主，同时对国外民间资本开放，各类投资者通过参股、合资、联营等多种方式参与城市基础项目的建设和运营。除融资市场化外，还应当提高管理体制的市场化，即经营体制转型，在此基础上形成“责权利统一、借用还一体，能够实现公司化、资本化运作”的城市基础设施融资平台和投资主体。王元京（2010）探讨了地方政府融资模式的转变。从全社会各部门资本的储蓄与资本的形成关系角度了重新认识了地方政府在融资中的角色，分析了传统融资模式的工具的功能类型与定位。尽管传统模式基本满足了经济发展的要求，但在未来发展中，地方政府基本融资模式的扩张功能、调节功能、承债功能存在着巨大缺陷，因而政府融资模式需要再设计，坚持总量平衡与结构协调兼顾、融资工具创新与协调重组、建立多层次的政府融资平台设计目标。袁亚敏（2010）认为商业银行应按市场化主体要求严格控制风险。应该按市场化主体严格控制贷款门槛，不能过分依赖政府背景，同时准确评估地方政府负债水平和偿债能力。

许多学者提出了发行地方政府债券的融资思路。贾康（2002）对发展地方政府公债融资做出了开创性研究，探讨了地方政府融资的现状及推行公债融资的障碍，且以案例的方式深入分析了地方政府变相融资方式和不规范性。从财政体制改革、基础设施建设角度与缓解政府年度收入及支出不均衡性及完善宏观调控体系方面分析了地方政府公债的意义。由于我国资金供给充足，利率处于较低水平，加之国债管理经验的成熟，因而具备了地方债发行的现实条件。此外，提出了地方债发行的原则，并就发行主体资格、债券期限、发行利率、发行方式、发行对象、可流通性、债务资金的运用方面提出建议。贾康（2009）认为应该把紊乱的地方政府融资引导到阳光化的状态中去，2009 年代发的2000亿元地方债相对于上一轮宏观调控值得肯定，在预算约束及偿债机制上比较规范。朱疆（2006）认为通过发行地方债可以使地方政府债务显性化，本身是资本市场的制度创新，已经具备了地方债发行的可行性。持相似观点的还有张晋武（2006）、宾建成（2002），前者分析了我国地方政府债券制度的现实条件，认为建立地方债制度的条件已经具备，提出了地方债发行的策略构想；后者还对地方债资金的运用及监管提出了建议。周丽丽（2010）探讨了收益型债券信用风险控制。地方债务风险主要是信用风险，风险的控制体现在中央政府同地方政府的博弈上，并以此建立了中央与地方政府博弈模型，从收益型债券发行的角度提出控制信用风险的建议。谢清河（2010）从地方融资平台债务风险管理角度探讨了引入公债制度的可行性。陈炳才（2010）认为地方政府融资平台主要有两种类型：一种是地方政府担保用财政预算资金偿还的项目，另一种是以土地资产作为抵押的贷款项目。融资平台具有拉动内需，整合政府资源改善民生的作用，然而在运行中由于“小财政，大建设”带来了巨大风险。因而在政策上应该允许发行地方债，加强监管以及政企分开。

推行资产证券化融资。张理平（2010）认为地方政府融资引入资产证券化具有较强的现实意义，分析了资产证券化在地方政府融资中的应用优点。由于地方政府融资风险实际上是地方政府信用风险，容易造成商业银行资金链条断裂。资产证券化具有增加基础设施融资信用、便于释放存量资金的特点，因而在地方政府信用融资中具有加快资金周转、提高资金使用效率、降低融资成本、有效拓展地方政府融资渠道的优点，持相似观点的还有工商银行课题组（2010）以及吴存荣（2007）。吴存荣（2007）认为除了收费公路可以资产证券化外，城市路网资产也可以在政府财政资金的补贴下开展资产证券化。

开展PPP项目融资。众多学者对开展PPP项目融资进行了研究，都主张积极推进PPP项目建设，吸引民间资金的流入，但研究侧重点有所不同，一些学者如陈佳、满莉（2016）强调PPP项目建设的风险管控，另一些学者如李波（2016）等认为需要完善PPP模式的配套机制，还有一些学者如王风京（2015）等就PPP模式的具体运用进行了研究。陈敏（2005）认为PPP融资模式具有风险小、成本低等特点，因而值得欠发达地区推行以走出融资困境，同时分别探讨了已建成项目、改造项目、未建成项目的PPP模式，以及积极开展BOT、TOT、BOO等融资方式。吴大庆认为要稳步推进政府项目融资多样化，将城市公用事业所有权、经营权和养护管理有效剥离，推行项目融资。王雪青（2008）对城市基础设施项目融资PPP模式开展研究，指出PPP模式可以有效地吸收民间资金，并且提高政府部门的管理效率。

地方政府债务风险管理。在管理制度层面上，王建新、潘文轩（2009）探讨了地方债的风险与控制，认为2000亿元地方债的代发有利于地方政府配合积极政策实施，但是会增加地方政府债务总规模，资金使用中也可能出现挤占等风险，而且地方债的偿还风险也在增加。为此需要建立地方债的风险控制机制，要从增加地方债的透明度、严格控制规模、建立健全偿还保障机制等方面加强管理和监督。马海涛（2010）认为地方政府融资平台法人治理结构不健全，地方政府既是投资者，也是决策者，还是经营者。外部制度也存在缺失，比如现行预算法没有涉及地方政府融资内容，在预算监管上属于空白。魏国雄（2009）探讨了地方政府融资的约束机制，认为规范地方政府的融资行为要建立融资额度及融资期限的授权机制以及项目的监督机制。詹向阳（2010）认为要从偿债资金、规范法律制度等方面规范风险管理制度，同时需要加强监管，落实监管责任。于海峰（2010）也持有类似观点，认为要不断完善地方政府债务管理的法律框架，不断完善分税制财政体制，明晰中央与地方事权。

风险管理技术层面。安国俊（2010）分析了融资平台风险向财政风险及金融风险的转化，探讨了地方政府债务风险衡量指标，在借鉴发达国家债务管理经验的基础上，需要从全口径的角度对债务进行分类和管理。裴育（2010）研究了地方政府风险预警模型并进行相关检验，试图建立地方政府债务预警体系的一个基本框架。在具体指标设计上运用 AHP 法进行定性、定量分析，分别设立了警情、警兆指标体系并建立了冠新经济技术开发区债务风险判别模型。很多学者如郭平（2010）、胡光辉（2008）等做过相类似的尝试。在方法上大多运用 AHP 法或者模糊分析法，所选取的指标差异比较大。裴育选择了财务因素、债务因素及政策因素作为一级指标体系，而郭平（2010）选择了财政系统内部因素及财政系统外部因素。本书认为，预警是对动态变化中的地方债务风险进行的判断，因而应该是动态的、变化的。而许多学者把它看成是一个静止的指标概念，因而预警指标的有效性有待验证。

3. 地方建设投融资体制角度

这方面的研究特点是，讨论地方城市建设的资金来源和需求状况、体制问题和改进建议，在分析过程中涉及地方投融资平台，这是从一个更大的角度进行分析。黄如宝、王挺（2006）运用统计数据分析了我国城市基础设施建设投融资存在的问题，并对公私合作（PPPs）的形式进行了归纳。娄振华（2009）对天津市政府投融资体制现状、特点和问题进行了分析，并提出若干思路。周丽丽（2009）介绍了上海、杭州的城市建设投融资的实践过程，并对我国地方政府融资四种模式进行分析，总结了经验和教训，并指出了我国地方政府融资的发展趋势与思路。张照、王德（2009）详细回顾了我国城建资金的相关历程，并通过统计资料和实地调研，划分了政府部门主导型、城投公司主导型以及公私合作型运作模式的特点，同时分析了地级市—县—乡镇三级的城镇资金运作模式特征，并提出了政策建议。宋立根（2009）总结归纳了7类城市政府投融资方式以及存在的问题，其中城投也就是投融资平台是其中重要的方式之一。

4. 加强地方投融资平台市场化程度

地方投融资平台作为一个和政府关系紧密的现代企业，通常遵循“政府主导、市场运作”的原则，但在实际操作中，市场化程度并不令人满意。众多学者纷纷展开研究，希望通过提升地方投融资平台市场化水平，解决风险控制等一系列问题。甘文成（2007）指出城市投融资平台的投融资体系要从基本框架、投资者、资本市场和政府四个方面优化融资结构。邹宇（2008）认为，无论从现实还是理论研究角度看，地方政府投融资平台需要从政府主导向政府驱动转变。谭长路（2009）介绍了国内外投融资平台的模式，并给出了相关政策建议。王克冰（2009）提出要对中央和地方以及地方间的投融资体制进行改革，根据自身优势合理分工投资领域，努力推进政府投资公司股权多元化改革，提高政府投融资平台的市场化水平。上海市城市建设投资开发总公司（以下简称上海建投）作为地方投融资平台，也在积极探索自身发展，在《上海市政、公用基础设施投融资发展战略研究报告》中，上海建投就明确提出了要将城市基础设施建设项目进行区分，按照是否是经营性项目，确立不同的投资主体、资金融资模式和管理方式。

5. 地方政府性债务风险水平预警

王晓光（2005）和谢虹（2007）建立了地方政府债务风险预警评价体系，并采用模糊综合评价法进行测算。裴育、欧阳华生（2006，2007）在对地方政府风险状况描述和风险等级分类的基础上构建了地方政府债务风险预警程序和指标体系，并指出我国地方债务风险预警应该从显性债务开始。冉光和、李敬、管洪（2006）从静态和动态两个角度分析了我国地方债务的生成机理，并指出决定债务风险的影响因素主要是经济增长和负债成本，同时采用模糊分析法确定了债务风险的区间。

6. 项目风险防范研究

傅鸿源（1995）提出了工程项目风险的分类与评价方法，运用专家分析方法和极值数学模型，对工程项目风险做等级划分，并对实例进行了实验，取得了可以评价的结论。闫长俊等（2002）借鉴 PPP 模式，从定性的角度对我国项目风险结构与合同关系进行了研究。刘艳玲（2003）运用风险概率方法，研究了项目风险构成，通过跟踪项目风险变动趋势，测评风险所处状态，构建了项目风险预警系统。刘筱驹、王越（2004）采用美国 IBM 公司的系统集成定义，提供了系统集成项目的总工期风险，并进一步从关键风险单元的识别入手进行工期风险的调整、优化和控制风险传递方法。李荣锦等（2004）对项目风险管理和危机管理模式做对比分析，明确了项目风险、危机、灾难的逻辑演化过程。余波（2004）从民间部门的角度研究了可量化的风险变量对项目经济评价指标（净现值、内部收益率和投资回收期）的影响，并进行了动态的风险分析，提出了改进 PPP 项目风险评价指标计算公式及项目经济风险的度量方法。刘建平、王守清（2006）针对我国实际情况，提出了两个风险分摊原则，“承担的风险程度与所得回报相匹配；承担的风险要有上限。”

从研究方法看，运用案例分析是国内研究者的特色之一。在地方投融资平台研究中，出现了一批通过某地方投融资平台的案例研究对平台进行分析的文献。这些文献作者一般是政府决策者或投融资平台的重要相关者，这些案例为我们提供了难得的分析样本。顾德山（2007）对南通综合性投融资平台——南通国有资产投资控股有限公司进行了详细的剖析，为我们认识地级市投融资平台提供了一个案例。李汝鑫、麦晴峰（2007）则对天津市高新区的企业投融资平台进行了探讨，对企业融资服务体系建设提出了建议。蓝定香（2008）以成都市政府投融资平台为样本，对政府投融资平台的性质、风险防范等问题进行了研究，并提出了建议。湖北省人民政府研究室、国开行湖北分行联合调研组（2008）对河南省投资集团有限公司进行了考察和研究，并分析将省级投融资平台做大做强对湖北省的重要启示和意义。张华（2008）对海南洋浦经济开发区经济开发区投融资平台——海南省洋浦开发建设控股有限公司进行了阐述，为我们认识开发区投融资平台的建设提供了宝贵案例。广西南宁市财政局（2008）在分析南宁市投融资体制现状和今后发展思路的基础上，着重分析了南宁市投融资平台情况和改革措施。熊盛文（2009）全面分析了江西省投融资平台建设特点，提出今后要在扩大融资规模、拓展融资功能、防范各类风险等五个方面有所思考、有所探索、有所突破。谢世清（2009）对重庆投融资平台模式进行了详细的分析和阐述，并和“上海模式”进行了比较。苏晓鹏、王兵、冯文丽（2009）分析了地方投融资平台的作用、存在的风险以及化解风险的策略。黄全祥（2009）运用案例分析法，对四川省绵阳市辖内的投融资平台进行剖析，给我们提供了难得的分析样本。周金良（2009）对南京市城建集团发展现状、面临困难以及未来发展进行了分析。余萍（2009）介绍了上海、重庆和天津投融资平台的模式特点，并认为投融资平台对区域发展有着重要意义。

国外发达国家地方政府市政债制度完善，政府间财权事权划分明确，对地方政府融资直接研究的内容较少，但在以下几个方面有所涉及。

政府债务与经济增长。大卫·李嘉图较早对该问题进行了分析，产生了较大影响，并形成了李嘉图等价命题。该理论认为政府用发行公债或者征税来为政府筹措资金，实际上当前发债需要未来征税来偿还，两者在逻辑上是相同的，因而长远看，两者对改变总需求的效果实际上等价。Robert J. Barro（1975）坚持了李嘉图等价理论，从代际消费与储蓄的角度进一步进行了阐释，证明即使存在时间代际跨度，政府通过举债或征税仍然等效。然而，托宾（Tobin）认为该理论并不一定成立，并从代际遗留财富可能为负，政府对每个消费者较少税负的数额可能不同等方面证明李嘉图等价命题失效。

地方政府债务与风险。Ákos Aczél（2010）研究了地方政府资不抵债的风险，分析了匈牙利地方政府尽管银行债务不断增加，而银行愿意向政府提供信贷的原因，重塑地方政府以及改变清算方式是解决风险的方法。Yuanyan Sophia（2014）测算了2008年刺激计划后中国政府的收支缺口，并以此来对地方政府融资及其风险进行评价，认为在2012年左右，政府赤字占GDP的45%，尽管比较高，但仍然处于可控水平。

从上述研究来看，国内学者对改革地方政府融资制度达成了较为一致的看法，并对地方政府融资风险高度警觉，对投融资平台、地方政府债务风险形成以及控制研究比较成熟，为我们深入研究该问题提供了重要的参考，但对风险形成的微观基础研究还不够深入，对于融资风险分担机制的具体设计没有涉及，难以对全局进行把握，难以从制度顶层设计的高度分析问题。国外研究尽管对我们有所启发，但缺乏对我国实际情况的了解而脱离实际。贾康（2009）做出了开创性的研究，他认为地方政府融资基本方面应该是“有堵有疏，疏堵结合，但堵不如疏”，在市场经济发展过程中结合经济转轨的制度创新，把地方存在的显然紊乱的融资逐步引导到阳光融资的一种状态中去。在此基础上，构建一种财政资金的可持续介入机制，与之形成跟市场一般的风险处理原则相兼容相贯通的风险共担机制。

1.3 研究思路与研究内容

1.3.1 研究思路

本书遵循“提出问题—分析问题—解决问题”的思路，在逻辑上倾向于“宏观考察—微观分析—宏观对策”的分析路径。

提出问题部分。通过对地方政府融资理论及融资制度运行的考察揭示地方政府融资制度运行层面存在的问题，通过对风险形成机理的分析，深入考察地方政府融资风险与公共风险的转化，提出融资制度创新缓解融资风险的必要性。

分析问题部分。考察借鉴发达国家的做法，并结合我国实际，通过对金融市场微观融资机制的考察，试图引入相关机制联通微观领域与宏观风险管理领域，进而进行融资方式创新。

解决问题部分。在前述部分的基础上，提出建立风险分担机制以带动融资创新的对策。

1.3.2 研究内容

本书研究内容分为 8 章，可以分为三个主体部分。第一部分，第 1 章至第 4 章。主要对政府的职能与融资的作用进行概述，对我国融资平台的发展历程及局限性深入进行分析。此外，对融资平台风险形成的机理进行剖析，分析地方政府债务风险与财政风险及金融风险的转化。

第 1 章，本书的绪论部分，主要介绍本书的研究背景、研究意义与研究内容等。

第 2 章，该部分从理论上对地方政府融资进行梳理。从地方政府职能入手，探寻地方政府融资的根源。财政收入及支出的非均衡增长是政府融资的主要原因。同时，该章对西方主要财政融资理论即李嘉图定理进行了介绍，对巴罗的后续研究进行梳理，并对其在我国的应用进行了评析。

第 3 章，从制度演进入手考察了我国地方政府融资制度演进的影响因素，在此基础上对地方政府隐性融资制度的发展历程进行了概括，对地方政府融资创新进行了探讨。在制度背景的框架下，具体分析了地方政府融资平台的运行。在对其发展历程概括的基础上，总结了当前地方政府融资平台存在的问题。从融资平台的视角展望了地方政府融资制度创新的方向。

第 4 章，探讨了地方政府融资风险形成的机理。主要原因有制度层面原因、经济背景原因、管理层面原因等多方面原因。在此基础上探讨了地方政府融资风险与金融风险和财政风险的转化。

第二部分，从金融市场运行分析风险分担理论，并结合政府融资创新探讨 PPP 模式下的风险分担，同时借鉴了美国、日本等发达国家在地方政府债务风险防范方面的经验。

第 5 章，对美国和日本在地方政府融资方面特别是地方债风险控制方面的情况做了介绍，并借鉴了其经验。

第 6 章，对地方政府融资创新中风险分担机制进行理论概括。介绍了地方政府融资风险分担机制的内涵与外延，比较了其同市场风险规避机制如担保机制、保险机制的区别。同时，该章在对市场融资机制分析的基础上对风险分担的机理展开论述，具体分析了政府政策性融资中的风险与收益，在理论上形成了政策性融资机制与市场融资机制的对接。

第 7 章，探讨了财政资金可持续介入模式，在此基础上研究了融资创新下政府融资风险分担机制，并以 PPP 模式为例证。本章研究意义主要在于通过财政资金可持续介入机制引入政府融资风险分担机制。

第三部分，即第8章，主要内容是本书的对策部分。从宏观制度层面及微观管理方面提出了风险分担机制建设的建议。

1.4 主要创新与不足

本书通过对地方政府融资的分析，以构建可持续融资的路径，可能存在以下理论创新：

1. 地方政府融资风险分担机制的理论创新

本书在分析市场机制风险分担的基础上，试图把微观风险分担机制引入到政策性融资领域，以便充分发挥市场机制作用，改变市场风险向财政过度转移的局面，以便从根本上解决地方政府融资风险突出的问题。从目前文献看，在政策性融资风险分担机制方面的研究文献非常少，这正是本书的创新及意义所在。

2. 研究视野的创新

从地方政府融资制度演化影响因素的角度考察地方政府融资制度创新，结合地方政府隐性融资制度发展的历程勾画地方政府融资制度的演化路径。

3. 财政资金可持续介入机制的理论创新

通过这种机制设计，在政府融资领域使得微观主体间的风险与收益匹配，形成了政策性融资机制与市场融资机制的理论对接，为构建政府融资提供了理论基础，丰富和发展了政策性融资理论。

本书试图通过财政资金可持续介入机制把风险分担机制引入到政策性领域，因而必须打通微观机制与政府融资宏观层面的联系，既区别于单纯的项目融资研究也区别于融资制度改革研究，写作的思维跳跃性大，如何使得两者有机联系起来在理论和实践上要求非常高，这是本书写作的难点。在对财政资金可持续介入机制的具体把握上可能还有欠缺。此外，在引入风险分担机制后参与主体的收益与风险分析还不够深入。同时，后续研究中需要对这种机制下的准公共产品定价问题作相应探讨。

1.5 主要概念界定

1. 地方政府融资风险

所谓地方政府融资风险是地方政府融资活动所带来的、根源于地方政府未来收入与债务支出不匹配而产生的公共风险，这种风险处于不稳定状态，一旦爆发可向更高层次的风险转化。地方政府融资风险区别于地方政府债务风险，后者是融资风险的直接载体。地方政府融资风险是政府融资行为失控产生的具体结果，是债务风险更广泛意义上的阐释，概念内涵上不仅直接体现为债务风险，而且涵盖债务风险的进一步演变及更深层次的发展。

2. 政策性融资

所谓政策性融资是地方政府为了履行其职能而带有明显政策性意图的融资行为。实际上，地方政府绝大多数融资属于政策性融资范畴。本书中主要指提供准公共产品而产生的融资行为，如基础设施建设项目融资等。

3. 财政资金可持续介入机制

所谓财政资金可持续介入机制是指在政策性融资领域，通过政府财政资金介入以克服政策性融资本身在微观视角下收益与风险不匹配局限性的一种机制，这种机制形成了政策性融资同市场化融资的对接，有利于市场机制发挥作用，是风险分担机制的理论基石。

第 2 章
地方政府融资概述

要考察地方政府融资风险及其制度安排，全面研究地方政府融资风险，有必要对地方政府融资的基本问题进行把握，通盘思考地方政府融资涉及的方方面面因素。我们的逻辑思路的起点无疑应该回到地方政府的职能这一基本概念，因为地方政府融资的目的是为其履行职能服务的，所以应当对地方政府职能做出合理清晰界定，即地方政府应该做什么而不应该做什么，怎么做，应该做到什么程度，做当中的轻重缓急怎样安排等。反之，如果政府这也要管，那也要管，显然就会加重政府负担，从而造成政府融资不必要增加。实际上，对于政府具体的任务而言不同性质的支出所考虑的融资方式应该有差异。

2.1　政府职能相关理论

“政府”其名，起源于唐宋时期的“政事堂”和宋朝的“二府”两名称之合称。唐宋时期中央机关为三省六部，即尚书省，下设吏、礼、户、兵、刑、工六部，主管行政事务；中书省起草政令，实为秘书班子；门下省掌管出纳和常命，有审查诏令权力。唐朝为提高工作效率将中书省和门下省有时合署办公，称为“政事堂”。宋朝将“政事堂”设于中书省内，称为中书。宋初年还设立了枢密使，主管军事，其官署称为枢密院，并将中书省和枢密院并称为“二府”。“政事堂”和“二府”合称即为后来的“政府”，到了明代正式出现了“政府”的称谓。

政府是国家的行政机构，其目的是为了维持公众特定的公共利益，按照区域划分而组织的、以暴力为后盾的政治统治和公共管理组织。显然，政府具有政治学及管理学双重含义。从这个意义上讲，政府是国家公共行政权力的象征、承载体和实际行为体，接受公众的委托，以公共治理为手段、以国家利益和公共利益最大化为目标的公共管理组织。

2.1.1 市场失灵理论

市场失灵是指市场无法有效率地分配商品和劳务的情况，即无法有效率地引导生产要素合理流动、配置市场资源、组织有效生产，因而市场机制失灵或难以发挥有效作用，必须对其进行有效干预。该情况下，一方面，市场严重缺乏效率，或非市场机构较有效率且创造财富的能力比市场组织决策更强；另一方面，市场失灵也是市场力量无法满足公共利益的状况。市场失灵的两个主要原因为：成本或利润、价格的传达不适当，进而影响个体经济市场决策机制；次佳的市场结构，市场失灵在某些经济体的存在通常引起究竟应否由市场力量引导运作的争论。而这也产生要用什么来取代市场的争议，最常见对市场失灵的反应是由政府部门产出部分产品及劳务。具体来说市场失灵主要存在以下几个方面：

1. 公共产品提供

随着社会的进步及工业化带来的物质产品的丰富，社会公众的公共需求不断提高，如对水、电、公路、通讯、交通工具等有形物质产品的需求，还有对非物质产品的需求如安全、教育、医疗、娱乐等。所谓公共产品（Public goods）是私人产品的对称，是指具有消费或使用上具有非竞争性和受益上的非排他性的、能为绝大多数人共同消费或享用的产品或服务。例如，国防、公安、司法等方面所具有的保护和服务以及义务教育、公共福利事业等，其特点是一些人对它的消费不会影响另一些人对它的消费，具有非竞争性；某些人对它的利用不会排斥另一些人对它的利用，具有非排他性。它对于任何社会群体都是必需的，每一个人在享用这种产品时都希望由其他人来提供这种产品而自己免费享用（搭便车），由于公共产品的非排他性，因此大大提高了搭便车的可能性。由于受益人之间不会存在冲突（非竞争性），很难准确界定受益人的成本分摊，因此在市场机制下，不能准确回收成本或利润无法最大化的行为都是不为微观经济活动主体所接受的。这样，在一般情况下依靠私人力量和市场机制是不能提供这类产品的，必须把公共事务、公共产品的管理权让渡给一个公认的公共权力机关，由它统一向社会成员提供保护和服务，各享受服务成员以纳税的方式提供经费承担义务。这样公众和公共权力之间形成了相应的公共产品管理契约关系，后者通过纳税的方式购买公共产品和服务。

2. 外部性

市场经济活动是以互惠的交易为基础，因此市场中人们的利益关系实质上是同金钱有联系的利益关系。例如，甲为乙提供了物品或服务，甲就有权向乙索取补偿。当人们从事这种需要支付或获取金钱的经济活动时，还可能对其他人产生一些影响，这些影响对于他人可以是有益的，也可以是有害的。然而，无论有益还是有害，都不属于交易关系。这些处于交易关系之外的对他人的影响被称为外部影响，也被称为经济活动的外部性。例如，建在河边的工厂排出的废水污染了河流对他人造成损害，工厂排废水是为了生产产品赚钱，工厂同购买它的产品的顾客之间的关系是金钱交换关系，但工厂由此造成的对他人的损害却可能无需向他人支付任何赔偿费。这种影响就是工厂生产的外部影响。当这种影响对他人有害时，就称之为外部不经济；当这种影响对他人有益时就称之为外部经济。

3. 信息不对称

由于经济活动的参与人具有的信息是不同的，一些人可以利用信息优势进行欺诈，这会损害正当的交易。当人们对欺诈的担心严重影响交易活动时，市场的正常作用就会丧失，市场配置资源的功能也就失灵了。此时市场一般不能完全自行解决问题，为了保证市场的正常运转，政府需要制定一些法规来约束和制止欺诈行为。

4. 垄断因素

对市场某种程度的和完全的垄断可能使得资源的配置缺乏效率，对这种情况的纠正需要依靠政府的力量。政府主要通过对市场结构和企业组织结构的干预来提高企业的经济效益，这方面的干预属于政府的产业结构政策。

市场失灵使市场机制不能发挥资源配置作用，价格扭曲，市场导向作用受到抑制，造成资源的浪费，产生低效率及社会不公平。一般来说市场失灵将会造成收入与财富分配不公平，市场竞争机制发挥不完全引起市场垄断、区域发展不协调及公共资源的过度使用等问题。因此，加强政府对市场的宏观调控管理是现代政府管理的核心内容。

政府管理不是万能的，特别是传统的政府。政府介入的前提是市场失灵，但是市场不能解决的问题，传统政府也不一定能完全解决，同样也存在政府失灵。无论是理论还是现实中，政府行为能否代表公共利益是政府失灵的核心原因。根据布坎南的理论理性原则，并不总是意味着利己主义或一味追求个人主义，布坎南在理论分析中实际上把利己主义因素放在主要地位，认为个人即使在公共选择活动中也主要是追求个人物质利益，只是可能比在私人市场活动中要弱一些，但决不是像传统理论中认为的那样，只存在公共利益而不存在个人利益。因此，公共利益很容易被掩盖，政府的行为往往很难代表公众利益。

此外，政府失灵也表现为政府的无效干预，即政府宏观调控的范围和力度不足或方式选择失当，不够弥补市场失灵和维持市场机制正常运行的合理需要。例如，政府由于管理原因对生态环境保护缺乏力度，尽管这一状况不是政府主观意愿所造成；对基础设施公共产品投资不足，政策工具选择上失当，不能正确运用行政指令性手段，不能弥补和纠正市场失灵。另外，则表现为政府干预过度，政府干预的范围和力度超过了弥补市场失灵和维持市场机制正常运行的合理需要；或干预的方向不对路，形式选择失当。例如，不合理的限制性规章过多过细，公共产品生产的比重过大，公共设施建设超前过度，对各种政策工具选择及搭配不适当，过多地运用行政指令性手段干预市场内部运行秩序，结果非但不能纠正市场失灵，反而抑制了市场机制的正常运作。此外，由于信息不完全和政府能力有限及官员的寻租与腐败也会造成政府失灵。

2.1.2　社会契约理论

社会契约理论暗含了为公众服务的思想，论证了政府为民服务的正当性。针对封建、神权社会统治阶级权力凌驾于民众之上的状况，该理论成为资产阶级革命推翻压抑个人权力的独裁政治的利器。社会契约理论认为政府是通过人民订立契约建立的，其宗旨和目的在于保障人民的自由和权利，维护公共利益；任何侵犯人民不可剥夺的自然权利的政府，都是暴虐的。人民同政府之间是一种委托代理关系，而不是一种服从关系，通过这种关系是政府获得权力的唯一源泉，因此，政府的权利来自于人民的授权，而非可以脱离授权而随意滥用。这种契约关系更深入地演化为资本主义国家主权在民的基本原则。按照这种原则，人民是主人，政府官员是为人民服务的。卢梭曾说：行政权力的受任者绝不是人民的主人，而只是人民的官吏；只要人民愿意就可以委任他们，也可以撤换他们。对于这些官吏来说，绝不是什么订约的问题，而只是服从的问题；而且在承担国家赋予他们的职务时，他们只不过是在履行自己的公民义务，而并没有以任何方式来争论条件的权利。应该看到，社会契约论明确提出了主权在民的思想，是对抗封建或神权统治的有力武器，但是也应该看到这种理论具有一定的局限性：首先，所谓契约只是一种笼统的说法，实质上这是一种信息不对称下的不完全契约，契约的内容可能随着时代的变化而出现明显的不同，这种契约内容能在多大程度上为公众熟知且能成为公众捍卫自己权利的手段是令人怀疑的。其次，这种抽象性可能导致契约关系被一部分人利用，会被程序化、形式化的民主所代替。一些人或团体会打着为民众服务的名义，以公意代言人自居，恣意妄为。此外，社会契约论并没有回答如何建设服务型政府问题。

2.1.3　新公共管理理论

新公共管理（new public management，NPM）是 20 世纪 80 年代兴盛于英、美等西方国家的一种新的公共行政理论和管理模式，也是近年来西方规模空前的行政改革的主体指导思想之一。它以现代经济学为自己的理论基础，主张在政府公共部门广泛采用私营部门成功的管理方法和竞争机制，重视公共服务的产出，强调文官对社会公众的响应力和政治敏感性，倡导在人员录用、任期、工资及其他人事行政环节上实行更加灵活、富有成效的管理。从管理方法上看，新公共管理理论以现代经济学和私营企业管理理论和方法作为自己的理论基础，以理性人假设作为绩效考核的依据，以降低市场交易成本作为提高服务绩效和质量的依据，组织结构上政府可以借鉴私人组织的结构提高灵活性及动态性以对市场及居民—顾客的需求做出反应。

新公共管理理论突破了政府在提供服务时与私人对立的观念，强调政府可以同私人组织合作共同提供公众服务。新公共管理理论倡导公共服务市场化，引入竞争机制，建立企业家政府，以合同出租、公私合作、用者付费和凭单制等形式提供公共产品。因此，新公共管理理论相对社会契约论而言更好地回答了如何提供公共服务问题，更为具体和实用。然而，新公共管理理论过分强调了政府同私人组织的同一性，而忽视了其相异性，容易引发无政府状态，容易使社会陷入混乱局面。

2.2　政府职能的划分与融资需求

正确理解政府职能或者其提供的“服务”或“公共服务”无疑是理解政府的逻辑起点。政府治理的理论基础表明现代政府的存在是公共管理的需要，政府的首要目标就是要解决私人力量所无法解决的公共需求，以公共利益最大化为核心。从这个意义上讲，政府是以公共服务的提供为基本职能，以公共资源的分配为基本手段，也就是集众人之力办众人之事。在现代社会，凡是有公共需求的地方就有政府公共服务，因此，覆盖社会各个层面，具体内容包罗万象。我们可以从三个基本视角来透视公共服务职能。其一是经济视角，基于市场失灵的公共服务，解决市场不能提供的产品和公共服务，这种公共服务旨在维持市场秩序，确保市场在资源配置中基础性职能的发挥。政府不介入微观经济活动不进入微观领域。其二是政治视角，政府是人民的政府，政府必须体现全心全意为人民服务的价值取向，是国家法令和公民权利法律上的忠实维护者，以保障公民的权利为己任，要为各阶层人民提供安全、稳定的政治制度环境。同时，政府的权利来源于人民，在提供公共服务的过程中必须受到人民的监督。在传统政府模式下，政府职能结构的重心在政治统治职能上，政府虽然也提供社会服务，但是，政府提供社会服务不过是维持政治统治、稳定统治秩序、争取政治合法性的手段。其三是社会视角，政府要维持公平正义的社会环境，必须要制定长远的社会发展规划，使社会的长远利益和短期利益结合，实现社会全面可持续发展。政府公共服务包括提供医疗、教育及就业机会，调节收入差距，打击犯罪，保障社会健康发展。

2.2.1　政府职能的划分

以上分析了政府履行其职能维持公共利益最大化的内在属性和必然要求，更进一步可以具体分析政府职能的各种表现，从一般意义上了解政府支出的压力，以便我们更好地理解地方政府的融资需求。实际上，政府职能可以从不同角度加以分类，比较统一的观点是按照政府职能的领域划分，把政府职能分为四大类：

1. 政治职能

政治职能主要是指政府为实现国家利益与社会安全而维护和实现阶级统治的职责。政治职能的直接目的在于妥善处理社会矛盾，实现社会正常有序的运转，进而巩固国家政权，维护阶级统治。政府的政治职能主要包含有以下内容：首先，保卫职能，即政府通过行政手段来维护统治阶级的利益，防止国内外敌对势力的颠覆，保卫国家主权独立，保障公民的合法权利，为本国经济发展和社会进步创造良好的条件；其次，治安职能，即政府通过打击各种违法犯罪行为，惩办各类违法犯罪分子，维护稳定的社会秩序，从而实现社会正常有序的发展；再次，民主建设职能，这主要体现在政府通过建立和完善各种法律制度、政治制度，保证人民参与管理，实现人民依法享有管理国家权力的目的。

2. 经济职能

政府的经济职能主要是指政府在社会经济生活中所具有的职责和功能。经济职能的实现程度关系到国家综合国力的强弱，发展经济是政府所面临的最重要任务，政治稳定和社会进步都必须建立在经济发展的基础之上，因此，经济职能是政府职能中的最主要、最基本的职能。不同国家在行使经济职能时所采取的方式是不同的，其主要的区别在于是“政府干预”还是“市场导向”，或者是两者的折中。新中国成立初期，我国实行了高度集中的计划经济体制，这与当时的国内外环境是相适应的，也取得了显著的效果。改革开放以后，随着经济体制的转变，我国政府经济职能的实现方式也发生了变化，即实现了由依靠计划和指令转变为依靠市场来有效地配置资源，发挥了市场机制在经济生活中的作用。

3. 文化职能

政府的文化职能是指政府在发展科学技术、教育、体育和卫生事业等方面所具有的职责和功能。物质文明是精神文明的基础，精神文明也反作用于物质文明，公民思想道德素质和科学文化素质将是决定一个国家能否长治久安的重要因素，因此，从长远角度讲，文化职能的实现程度将决定一国在国际社会中的经济地位和政治地位。为此，政府有必要制定文化事业发展的战略规划，颁布有利于文化教育发展的政策法规，同时承担起一些重大的科研项目和公共工程的组织工作，这些对于公民精神文化素质的提高有长远的战略意义。

4. 社会职能

政府的社会职能是指政府在管理公共事务中的职责和功能。这种公共事务一般包括社会保险、社会福利、社会救济、环境保护等项事业，这些事业对于改善和保障人民物质文化生活有着直接的促进作用，因此，社会职能的目的在于保持社会稳定，实现社会正常有序的运转。社会职能的具体实现方式包括加强法规建设，建立完善的社会保障体系；加强基础设施建设，提高政府的公共服务水平；合理利用各种自然资源，加强生态环境保护等。目前，我国上述各项事业都有了很大的发展，也取得了一些成绩，随着经济的不断增长，社会问题也会逐渐增多，因此各国政府的社会职能范围也将不断扩大。

2.2.2 财政收支不均衡增长下的融资需求

1. 财政支出扩张的理论考察

随着社会的进步，社会公共事务必将大量增加，其繁杂程度也大大增加。因此，财政支出项目必然相应不断增加。瓦格纳认为，随着经济社会的进步，政府职能不断扩大，政府活动不断扩张。在工业化进程中，私人部门所进行的某些活动已经逐渐由政府包办。同时，市场关系的复杂化要求把更多的资源用于提供治安和法律设施，使得政府的一般行政、公安司法、经济管理、社会协调等方面支出扩大；工业的发展推动了都市化的进程，人口居住的日趋密集化产生了拥挤等外部性问题，这就需要政府不断介入物质生产领域，加之由于某些投资所需财力较多，或出于调节经济活动的需要，政府就参与投资、调控，形成了很多公共企业；随着国民收入的增加，政府对文化、福利方面的投资也会成倍增加。

瓦格纳定律揭示了政府支出与经济社会发展的特定关系，随着经济发展和工业化进程的推进，不断扩张的市场和市场主体之间的关系日趋复杂，需要政府对经济和社会活动施加干预，其结果必将导致政府支出规模的不断扩大。瓦格纳把对于教育、娱乐、文化、保健与福利服务的公共支出的增长归因于需求的收入弹性，即随着实际收入的上升，这些项目的公共支出的增长将会快于 GDP 的增长。后来，其追随者进一步发展了该理论，其内容可以归纳如下：政府支出的增长幅度大于经济增长是一种必然趋势；政府消费性支出占国民所得的比例不断增加；随着经济发展和人均所得的上升，公共部门的活动将日趋重要，公共支出也就逐渐增加，如图 2－1 所示。

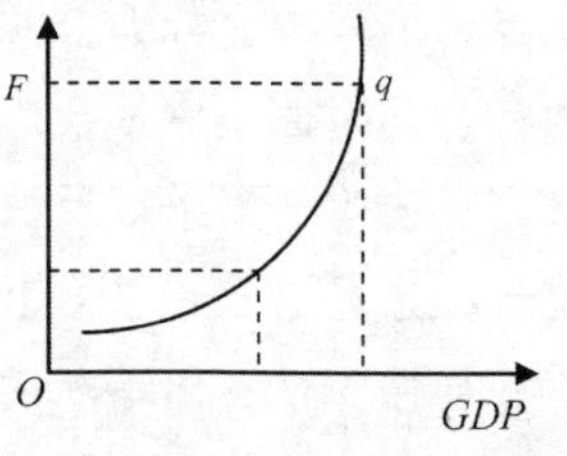

图 2－1　公共支出与 *GDP* 的关系

线条 q 描述了公共支出同 *GDP* 增长之间的关系。随着经济的发展，*GDP* 保持一定速度增加（如保持年 10% 的速度），政府财政收入也增加（这在图上没有反映出来，但是从发达国家的发展历程及我国改革开放的情况来看，完全符合实际，财政支出相应不断增加，而且增速越来越快，如坐标 F 所示，而且财政支出的斜率也不断增加，直到 $\frac{\partial F}{\partial GDP} \geqslant 1$，也就是财政支出的增长速度远远快于 *GDP* 的增长速度，这样就形成财政支出压力，而且随着经济社会发展这个过程是不可逆的。瓦格纳定律是对发达国家经济发展过程实证考察的结果，具有一定的客观规律性，它客观地反映了发达国家经济社会发展中公共支出不断增长的事实。

2. 财政支出扩张的现实考察

从我国现实来看，改革开放 30 多年来，国民经济不断发展，年均 GDP 增长率保持在 10% 左右。在经济发展初期，我国的财政支出围绕经济发展支出，重点保障一些大的基础设施项目，总体来看，这项支出占到财政总支出的60%以上，然而随着经济的发展，社会公共需求不断攀升，科教、文化、卫生方面的支出不断增加，但总体而言，财政收入的迅猛增长掩盖了财政支出增长这一现象，大多数人还没有关注到这一事实，大家所讨论的和津津乐道的是财政收入以及GDP的增长，因而财政支出的压力并不明显。随着我国经济的发展，社会公共需求迅猛增加，社会转型加剧，温饱型的社会向全面小康社会迈进，人们的需求很快被释放出来特别是教育、卫生、娱乐等反映生活质量方面的需求日益旺盛，这样，财政在这些方面的支出安排不断增加。另外，我国改革不断深入，社会保障性支出不断增加，一些以往企业所承担的社会功能比如职工养老、企业附属学校、医院等全部纳入国家支持的范畴，企业承担的社会保障功能已经转由国家履行。近年来，随着构建和谐社会工程的推进，中央及地方财政在民生方面的支出不断加大，全国一半以上的省级政府民生支出占到了财政支出的一半以上。此外，尽管政府推出了盈利性领域转为具有巨大影响的公共需求领域，但是国家在经济发展方面所占的比重依然比较大，特别是近年来经济受到世界经济危机的冲击，国家对经济的调控力度不断加强，因此中央及地方政府对经济调控方面的支出不断增大。

近年来，一方面伴随着我国汇率改革的推进，人民币汇率节节攀升，尽管进出口总额仍然保持增长，特别是金融危机爆发后，出口不断下滑，以出口带动经济增长的模式难以为继；另一方面我国近年来内需不足，国内需求持续下滑，对经济增长的贡献远低于发达国家，短期内很难走出 低谷；从拉动经济的“三驾马车”看，只能通过政府需求增加政府的公共基础投资来拉动经济，以保持经济快速平稳增长。这样，在2008年年末，中央出台了4万亿元投资计划，力图通过增加国家投资来抵消全球经济危机的不利影响。从我国改革开放后经济增长的轨迹看，依靠政府投资拉动经济完全符合我国经济发展逻辑。我国经济改革开放在城市的首要步骤就是对基础设施进行建设，各地方政府在经济增长指标的政绩观下，千方百计增加政府的投资以拉动经济增长，因此，我国经济发展长期伴随着政府经济职能的扩张与政府投资的增加，一度形成“投资饥渴症”，造成经济过热。从这个角度看，增加政府投资是短期内带动经济增长的良方，此次金融危机下，地方政府延续了这种思路，在逻辑上是非常清晰的。

3. 财政收入的增长限制

财政收入要同财政支出保持平衡，也必须随之大幅扩张。但其受到很多条件的限制，其中一个主要的方面就是公众的税收承受能力。税收是影响面最广、最为稳定和可靠的财政收入。但高税率往往会压抑公众的积极性发挥，导致经济组织减少经济活动，并可能引起失业的增加，最终造成经济发展的放缓。客观上税负水平受到很多因素的影响，除掉经济因素外，还会受到历史、文化、政权组织形式的影响。总体而言，如果不考虑价格因素的影响，一般认为政府税收的汲取力很大程度受制于经济发展程度。因而，财政收入在正常情况下和经济发展速度与发达程度密切相关。因此，政府在财政支出扩张的情况下，很难立即调整财政收入，因而财政收支缺口普遍存在。

4. 政府融资是缓解财政收支不均衡的有效手段

一般而言，政府可以通过增税、发行货币、融资等手段保持财政收支平衡。鉴于在长期内很难通过增税的方式提高财政收入，而通过增发货币保持财政收支平衡会造成货币投放过多，不利于问题的解决，长期增发货币会对经济造成伤害，无异于“慢性毒药”。因而，长期来看，各国均采用融资的做法，发行政府债券是政府融资的主要手段。2008 年以后，我国经济增长速度放缓，财政收入随之减少，而积极财政政策持续实施、政府支出不断增加。图 2 - 2 显示，我国财政收支缺口（财政收入与财政支出之差）在 2008 年之前一直低于 3000 亿元，之后持续增加，2015 年已经达到 23000 亿元人民币。通过发行货币弥补，对经济的负面影响较大，各国采取该策略弥补支出缺口会慎之又慎。我国政府选择采用融资方式弥补财政收支缺口。

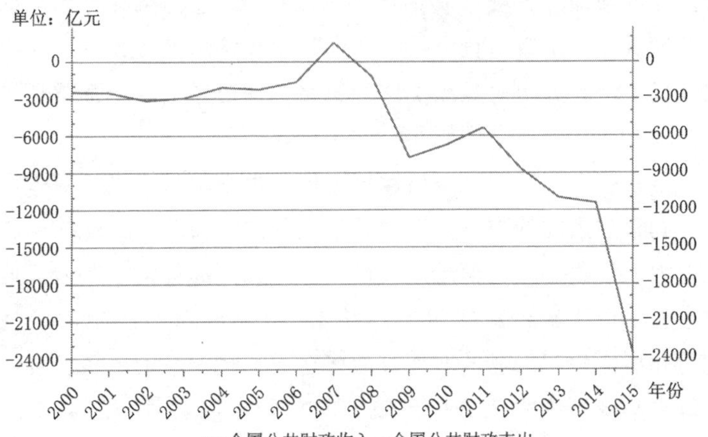

图 2 - 2　我国财政收支缺口

数据来源：Wind 资讯。

2.3　地方政府融资机制与方式

2.3.1　融资的产生及内涵

我们需要从融资的本源来理解地方政府融资，以便从本质上考察地方政府融资行为，从而区分地方政府融资主体融资行为与其他主体融资行为的异同。从政府融资的出现来看，政府融资行为产生需要有发达的社会信用体系以及大量的闲散资金。

1. 资金融通的产生

在工业革命后，社会化大生产取代了手工生产，生产模式发生了巨大变化。随着市场竞争的加剧，在优胜劣汰机制作用下，企业必须通过购买先进的机器设备、通过流水作业来提高生产效率。此外，一方面，社会化生产对企业的协作生产能力要求加强，企业的物流成本和采购成本增加，这些导致企业在资本方面的投入不断增加；另一方面，机器设备投入的不断增加，对劳动力的需要已经不是简单的粗放型了，劳动力投入不能取代资本的投入。企业所需要的是高素质的产业工人、技术工人，因此对工人的培训方面的支出不断加大；同时由于劳动强度的不断加大，工人在文娱、文化方面的要求也相应提高，企业主往往提供更多的福利或开展福利方面的活动，这样增加了在劳动力方面的投入。同时，在社会化生产下，竞争加剧，消费者更注重产品的价格、质量，企业往往更关注生产成本的降低，作坊式的家庭生产规模偏小，平均生产成本过高，由于专业化水平低，产品质量不尽如人意，因此，必须扩大规模获得规模效益。这样，手工作坊式生产就必须扩大规模，投入大量的资金。此外，由于社会化大生产下社会产品不断丰富，市场不断饱和，消费市场由卖方市场向买方市场转变在所难免，企业不得不降低产品价格，同时销售手段的多样化伴随销售成本不断增加。在这种条件下，企业自身积累资金远远不能满足企业运转需求，因而产生了企业巨大的融资需求。

由于在家庭作坊生产下社会生产效率低，产品生产的专业化程度不高，产品的自给自足程度较高，整个社会财富不多。社会资本还未形成，借贷资本并未出现，这时资金来源主要是通过企业自身努力而积累资金。随着社会财富不断增加，社会资本出现分化，借贷资本从产业资本中分离出来，这样，形成了金融资本，最后发展到形成与产业资本融合的金融寡头。金融资本取得同产业资本相等的平均利润率，其形成是资金融通的前提。

2. 融资的内涵

融资简单地说就是资金的融通。而实际上融资远远比资金的简单融通复杂，因为资金融通过程涉及资金使用权与所有权的转移，这种转移是以融资契约关系为基础的。这种契约的核心就是现代信用关系。目前，国内外学术界对融资内涵的划分大致可分为三类：一是企业融资，指企业根据经营现状及资金运用情况，通过特定的渠道，采取一定的方式，利用内部积累或向企业的投资者和债权人筹集资金，保证企业生产经营需要的一种经济行为。二是经济主体筹集资金的过程。这种定义是广义上的融资，即凡是资金的占用都是融资。常见的有贸易融资、票据融资等，包括的范围很广。这一定义把融资问题仅仅局限于企业或个人之间，认为融资是经济主体从外部筹集资金，从而将内源融资排除在外，而且将政府部门的财政融资排除在融资范畴之外。三是融资是通过信用交换形式吸收资金、集中资金和分配使用资金的经济活动，是资金市场的主要内容。

资金的融通是以资本市场的发展和完善为基础的，以企业融资为最初形式而出现的。资本市场发展的前提条件就是资金需求的增加，个人所有资金难以满足社会化生产。在简单生产情况下，通过个人的积累就能满足生产，如果投入要素只有资本和劳动力，那么在这种情况下，资本的投入量较少，而倾向于用人力来替代资本。在这种情况下，投资者仅需要自己的资金就足以完成生产或再生产。

2.3.2　地方政府融资的机制

所谓融资机制，是由储蓄向投资转化（或由资金供给者向资金需求者转化）的过程和机制。融资机制作为整个经济运行机制的一个有机组成部分，是资本形成的重要推进器。一方面，融资机制的发展取决于整个国家的经济体制和经济运行机制的变化；另一方面，融资机制本身对旧体制的解体和新体制的创立具有特殊的意义。按照不同角度，可以将融资机制划分为以下两类：

1. 按照储蓄与投资是否在同一主体内完成，将储蓄—投资转化机制划分为直接转化机制和间接转化机制

直接转化机制，是指储蓄主体将内部积累的储蓄资源直接用于投资。这一转化机制，不涉及商品交换和货币媒介作用，储蓄者与投资者是二位一体的。直接转化机制的缺点是储蓄规模与投资需求可能在时间上和空间上不一致，投资规模因储蓄而受到限制。在现代经济社会，这种直接转化在全社会的储蓄—投资转化中并不占主导地位。间接转化机制，是储蓄者的资金不用于自身的投资项目，而是通过购买股票、债券、存款凭证等金融产品的方式，将资金转移到投资者手中，并由投资者完成投资过程。与直接转化机制相比，间接转化机制提高了全社会储蓄和投资的总水平，有利于储蓄资源的充分动员，是现代经济中国民储蓄向社会投资转化的主导机制。

2. 按照融资过程中体现的信用关系不同，将储蓄—投资转化机制划分为财政转化机制和金融转化机制

财政转化机制，是通过财政政策和税收政策对国民收入进行再分配，一方面运用各种财政手段（主要是税收、发行国债等），从社会其他经济主体聚集一部分财政收入；另一方面，则通过各种渠道将财政收入支用出去。这一收支过程不仅决定了政府部门的储蓄和投资规模，而且深刻影响着居民部门和企业部门的收入分配和储蓄形成。财政转化机制是一种缺乏市场中介的融资机制，在某些国家的特定阶段，它可能在储蓄—投资转化中起主导作用。我国计划经济体制下的融资机制就是典型例证。金融转化机制，是以金融产品的交易为核心，以融资成本—收益比率为杠杆，引导金融资源向高效益产业部门有序流动的机制。金融

转化机制由金融机构、金融产品和金融市场三大基本要素构成。在金融机构和金融市场的媒介下，储蓄主体与投资主体按照市场化、效益化原则进行金融产品的交易，从而实现储蓄向投资的转化。储蓄—投资转化的金融机制，又可划分为直接融资和间接融资。初级证券可直接出售给其他非金融性支出单位，由盈余部门购入亏空部门发行的初级证券而进行的融资是直接融资；由盈余部门购入金融中介机构发行的间接证券而进行的融资是间接融资。

地方政府融资除与其他经济主体融资类似外，主要区别在于地方政府身份的特殊性，政府具有超强的地位，如果没有法律约束的话，地方政府将比任何经济主体强势。因而，地方政府融资机制是地方政府利用市场机制获取资金的运行方式及围绕资金使用权让渡的制度。这种方式可以建立在政府信用上，那么政府的超强地位显现无疑；也可以以政府为主要参与人，组织多方参与，以项目融资方式开展。第二种方式中，政府一方面基本与参与组织地位相当；另一方面，政府可以利用其自身独特资产作为保证或者抵押，比如未来的税收收入、特殊资产出让收入（比如土地出让）作为抵押，也可以通过未来准公共项目的收益作为还款来源进行融资。但由于政府项目区别于市场项目，具有公共项目或者准公共项目，需要财政资金可持续介入引导社会资金参与，达到融资目的。

2.3.3　融资方式分类

可以根据不同标准对融资进行分类，有广义的融资，也有狭义的融资，广义的融资包括贸易融资、票据融资、租赁融资、项目融资等。根据融资主体，可以分为企业融资及政府融资。根据融资中资金供需双方的特点可以将融资分为两类：直接融资、间接融资。本书仅做同政府融资相关的分类。

1. 间接融资与直接融资

无论直接融资还是间接融资都是建立在信用关系的基础上，这种信用关系也就是融资契约关系，是以还本付息为目的的所有权的让渡。资金的盈余者有了多余的资金，但是单个资金不足以投资产业，因此在间接融资情况下，可以把资金的使用权让渡给金融中介组织（存款性机构），然后通过金融中介组织的积累形成大量的资金，这些资金规模非常大，足以支持规模经济。而资金的需求者需要大量的资金，靠单个的资金盈余者接触很难获得大量的资金，而且其工作繁琐，缺乏专业经验效率比较低。在这种情况下，由资金中介组织把资金使用权让渡给资金需求者，资金的盈余者获得利息，而资金中介组织获得了利差。从我国政府融资特别是地方政府融资的特点来看，主要还是依赖间接融资，通过向银行贷款进行。在计划经济体制下，金融高度垄断，政府主要通过向人民银行透支进行，实际上构成了人民银行向政府提供的贷款。改革开放后，我国各地方政府在政府融资上进行了改革，特别是地方政府融资平台的组建，对于缓解地方政府资金不足作出了巨大贡献，在地方融资平台模式下的融资方式也不断丰富多样，绝大部分通过商业银行贷款，一部分通过发行城投债进行（见图 2－3）。

图 2－3　间接融资模式

但是这种模式割裂了资金的供需关系，产生了资金的二次供给，而且中介机构对资金的定价权非常大，容易造成资金供给的垄断，不利于资本市场的发展。而直接融资在这些方面具有明显的优势。在直接融资中，资金的盈余者通过中介机构（如证券公司）购买资金需求者发行的股票、债券等进行直接投资，可以随时掌握股票或者债券的动向，过程比较透明。而间接融资中，资金盈余者并不知道自己的资金流向何方，不需要对资金运用过程进行干预。中介组织只是纯粹的中间人，接受证券发行人或融资人的委托向投资人销售证券，从中收取佣金或者手续费，投资风险由投资人自行控制，而且投资人可以选择具体投资产品。直接融资避免金融垄断，有利于投融资的多元化。新中国成立后，我国中央政府仅在1958年发行了中央政府公债，即“人民胜利折实公债”，成为新中国历史上第一种国债。在此后的“一五”计划期间，又于1954—1958年间每年发行了一期“国家经济建设公债”，发行总额为35.44亿元，相当于同期国家预算经济建设支出总额862.24亿元的4.11%。1958年后，由于历史原因，国债的发行被终止（见图2－4）。

图2－4 直接融资方式

2. 股权融资与债权融资

事实上，对融资的分类还有一种重要的分类方法，即按照融资的权益属性来分类，可分为债权融资和股权融资。

所谓股权融资就是企业的股东出让部分股权，通过增资的方式引进新的股东的融资方式。企业无须对股权融资所获得的资金还本付息，但新股东将与老股东同样分享企业的盈利与增长。股权融资既可以用于增加企业的营运资金，也可以用于企业的投资活动。股权融资具有长期性、不可逆性、无负担性等特点。对于股权融资而言，所筹措的资金没有到期日，除非企业破产倒闭而进行清算；股权融资市场分为流通市场和发行市场，也称为批发市场和零售市场，股权融资不需还本，如果投资人要收回投资必须要依赖于二级市场即流通市场；同时股权融资没有固定的股利负担，股利的发放要视企业经营情况而定。

股权融资在企业投资与经营方面具有以下优势：

股权融资建立较为完善的公司法人治理结构形成了风险约束与权力制衡机制。公司法人治理结构中的股东大会、董事会、监事会、高级经理相互之间形成多重风险约束和权利制衡机制从而降低了企业的经营风险。

信息透明化程度较高。证券市场在比较广泛的制度化的交易场所，对标准化的金融产品进行买卖活动，是在一定的市场准入、信息披露、公平竞价交易、市场监督制度下规范进行的。而贷款市场，又称协议市场，亦即在这个市场上，贷款者与借入者的融资活动通过直接协议解决。在金融交易中，信息的公开性与可得性非常重要。所以，证券市场在信息公开性和资金价格的竞争性两个方面来讲优于贷款市场。

有利于减少道德风险。如果借贷者在企业股权结构中占有较大份额，那么他运用企业借款从事高风险投资和产生道德风险的可能性就将大为减小。如果发生道德风险时，借款者自己也会蒙受巨大损失，因此，借款者的资产净值越大，借款者按照贷款者的希望和意愿行事的动力就越大，银行债务拖欠和损失的可能性就越小。

股权融资也有缺陷，委托代理是股权融资的主要问题。当股东把公司经营委托给经理人时，两者形成委托代理关系。经营者具有相当大的决策主动权，委托人很难监控经营者行为。经营者的经营目标同股东利益并不完全一致，两者存在信息不对称、责任不对称，企业经营者很容易转嫁经营成本，做出有利于自己的决策而伤害股东利益。

对于政府融资而言，股权融资具有较大的应用空间，特别是政府项目建设具有大量的资金需求，引入股权融资方式可以有效利用其成熟的管理模式及理念，形成稳定的、高效的风险分担与风险制衡机制，因此，股权融资方式不仅是一种资金意义上的运作方式，更是一种现代化的资金及项目管理方式，本书将在风险机制设计的理论分析中作重点分析。

所谓债权融资是企业通过出售债权来获得资金融通的一种方式，如出售应收账款等债权实际是债务融资手段。这种融资方式是一种基本的常用融资方式，债务融资产生的结果是增加了企业的负债或者增加了企业的或有负债。根据债权融资渠道的不同主要可以分为银行信用、民间信贷、债券融资、信托融资、项目融资、商业信用及其租赁等。从我国目前债权融资现实来看，债权融资主要采用银行信用的形式，随着金融市场的发展，融资主体多元化融资的需求不断提升，债券融资及项目融资等新兴方式必将取得长足发展。

债权融资具有一些优点。一是银行具有收集信息的优势。银行有能力、有条件对企业的经营状况如财务、市场、收益等情况长期追踪，能够长期监督和考察企业，防止“道德风险”的出现。二是银行具有信息优势可分析研究规模经济。一方面银行具有实力或条件分析研究规模经济；另一方面是银行具有一定规模，在做经济研究及分析方面具有天然优势。三是相对于股权融资而言，银行对企业的控制权是一种相机的控制权，在企业有未清偿债务时，债权人对企业具有控制权，而在企业清偿完相关债务后，控制权又转移到企业手中。

我国地方政府融资方式主要有：债券融资，2014 年以来，地方政府允许发行证券建设公益性项目，类似于市政债；银行贷款融资，通过向银行贷款获得资金；项目融资，包括 PPP、BOT、BT 融资等多种方式，由民间资金进入建设项目，共同管理，获取收益，回收成本；土地出让融资，政府根据相关管理规定，把未开发的土地进行规划，有偿使用，公开挂牌交易，获得资金的融资方式。目前，地方政府过于依赖土地融资，难以摆脱

“土地财政”的束缚。

地方政府债务融资主要是以银行贷款为主，在改革开放初期如 20 世纪 80 年代至 90 年代，由于技术、设备缺乏，在外汇缺乏的情况下，往往通过国际组织贷款来获得资金及国外设备，利用这种方式我国建设了很多重要项目。随着国内金融市场的发展，商业银行体系不断完善和建立，地方政府主要通过向商业银行贷款而获得资金支持。

2.4　政府融资的有效性

2.4.1　李嘉图等价命题

如果抛开政府融资以履行政府公共职能的政治涵义，单从经济意义上来讲，李嘉图等价命题及巴罗等人的研究无疑最引人瞩目，对政府融资的经济效果及影响分析也最为深入和透彻。实际上，政府融资的根本假设就是政府通过融资能够促进经济发展，有利于缓解政府赤字。然而由于经济传导的复杂性及公众预期的广泛存在，因此，在经济学理性人假设的前提下，公众能够做出独立的判断，并能够根据判断来做出自己的理性选择。这也是一种理性预期行为，所谓理性预期指针对某个经济现象（例如市场价格）进行预期的时候，如果人们是理性的，那么他们会最大限度地充分利用所得到的信息来做出行动而不会犯系统性的错误，因此，平均地说，人们的预期应该是准确的。

李嘉图在《政治经济学及赋税原理》一书中表达了这么一种推测：在某些条件下，政府无论用债券还是税收筹资，其效果都是相同的或者等价的。从表面上看，税收筹资和用债券筹资并不相同，但是，政府的任何债券发行都体现着将来的偿还义务；从而，在将来偿还的时候，会导致未来更高的税收。如果人们意识到这一点，他们会把相当于未来额外税收的那部分财富积蓄起来，结果此时人们可支配的财富的数量与征税的情况一样。

李嘉图等价定理认为，征税和政府借款在逻辑上是相同的。这一原理可以通过下面的图形来加以说明。如图 2－5 所示，在初始时刻，纳税人预算线为 P，政府税收曲线为 T，两者的焦点为 q，这是初始状态的均衡点，由于纳税人预期到政府将提高税收，因此会增加储蓄以应付当政府增加税收的状况，这时预算线变为 P'，政府税收曲线变为 T'，焦点为 q'。

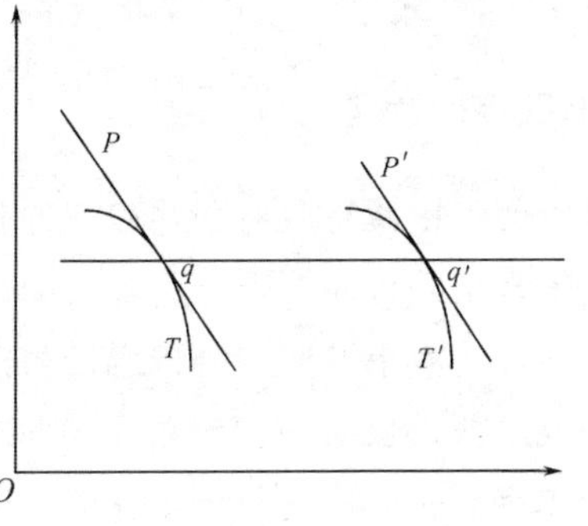

图 2－5　李嘉图等价命题

由图 2－5 可以看出 q 与 q'之间在规模上并无明显变化，也即对纳税人的经济行为特别是消费所产生的影响不大。对于李嘉图等价命题的更具体说明，我们可以举一个例子。假定人口不随时间而变化，政府决定对每个人减少现行税收（一次性总付税）100 元，由此造成政府财政收入的减少，为了维持财政平衡，政府采取向每个人发行 100 元政府债券的形式来弥补（再假定债券期限为一年，年利息率为 5%）。减税后的第二年，为偿付国债本息，政府必须向每个人增课 105 元的税收。在合理的预期下，由于当期纳税的推移，纳税人将以增加储蓄的方式来应付下一期增加的税收。实际上，可以将政府因减税而发行的 100 元的债券加上 5% 的利息，作为应付政府为偿付本息而增课税收 105 元的支出。这样，减税对于纳税人原有的消费方式并不会产生任何影响。如果政府债券的期限延长为 N 年，结果是一样的。因为存在对未来税收支出增加的预期下，政府债券的持有者在从政府手中获得债券利息的同时，增加储蓄将这些债券的本金和利息用以支付为偿还债券本息而征收的更高的税收。在这种情况下，用举债替代税收，不会影响即期和未来的消费，等价定理是成立的。

如果我们把李嘉图等价定理做演绎思考的话，其核心思想不言自明，即公债不是净财富，政府无论是以税收形式，还是以公债形式来取得公共收入，对于人们经济选择的影响是一样的。财政支出无论是通过目前征税还是通过发行公债筹资，没有任何区别，即公债无非是延迟的税收，在具有完全理性的消费者眼中，债务和税收是等价的。根据这个定理，政府发行公债并不提高利率，对私人投资不会产生挤出效应，也不会增加通货膨胀的压力，这些仍然未得到实际经济运行的论证。

2.4.2　巴罗对政府融资无效理论的进一步研究

李嘉图等价定理提出后，引起了理论界的关注，许多学者提出了自己的看法，观点有所不同。巴罗在这方面做了大量的工作，其研究成果被广泛接受。

1. 巴罗的跨期均衡分析

1974 年，巴罗对李嘉图假说进行了深入的论证，从而掀起了理论界再次对该理论关注的高潮。巴罗认为预算赤字抑或税收对经济的影响是没有区别的。政府减税将直接导致政府赤字，这种不平衡必将由未来的税收加重或者发行债券加以弥补。长期来看，在预算平衡约束下，现在的收入和未来收入一定等于现在支出和未来收入之和。假设消费者具有前瞻性和足够的理性，那么消费者只有在其终身财富受到影响时才会改变消费行为，而政府减税、发行债券的融资方式不会改变居民的终生财富，因此政府融资对于消费者而言是无效的，亦即政府融资无效论。例如，政府希望发行债券来获得融资进而加大政府支出以刺激经济。消费者在当期预期到政府会在未来加重税收以偿还债务时，居民就会增加当期储蓄用于未来税收增加的支出，储蓄增加额与政府融资额相等，消费就会以相应数额减少，这样会完全抵消政府融资的作用，这样，李嘉图等价定理成立。

2. 巴罗的代际财富转移观

上述讨论是建立在无期限的条件下的，即政府永远运行，居民寿命无限长，因而政府融资期限可以顺延。但是人的寿命是有限的，个人消费往往是和生命周期密切相关的，因此，居民在考虑消费时还会考虑其一生的财富分布。实际上，政府如果减税或发行债券，对于当期的消费者能够带来好处，其期限超过一部分居民的生命周期时，那么，这项政策就会影响这些居民的决策并带来好处，但是增加的税收将会由下一代居民承担。考虑到这种情况，巴罗提出了财富代际转移来分析这个问题。巴罗认为，人们在利他主义下会关心后代的生活，当代人享受政策的好处而下代人承受额外的税收负担时，就会发生财富的代际转移，即财富由当代人相应转移到下代人，从较长时期来看，政府的政策就会抵消。因此，如果政府在当期对消费者个体减税，同时在未来从该个体的后代身上增税以弥补赤字，就会损害其后代的终生财富和生活质量。这时，该代表性个体便会进行储蓄以给后代留下包括遗产在内的各种财富以维持后代的生活质量不变。财富的代际转移使得有限生命的代表性个体成为一个无限延续的家庭的一部分，这个家庭在无限期中进行最优消费路径的安排。这样，政府在当期减税仍然会被消费者等量的储蓄增加所抵消，消费者消费水平不变，李嘉图等价定理依然成立。科特利科夫和萨默斯（Kotlikoff and Summers，1981）的计算表明，美国家庭出于代际转移目的而进行的资产积累的重要性要远超过为平滑当代人消费水平而进行的资产积累，这一结论强有力地支持了巴罗的分析。

2.4.3　李嘉图等价命题在我国的适用性

1. 李嘉图等价命题具有严格的理论假设

李嘉图等价命题是建立在严格的假设上的。假设居民具有理性能够对将来的情况做出合理的预测，而实际上 Kat Sunori Watanabe 等（2001）通过引入收入税、消费税、社会福利收益的相关数据实证分析了居民消费的前瞻性问题，结果显示仅有四分之三的人具有消费前瞻性。引入未来收入、税收不确定性以及税收的结构安排后，研究结论会发生明显的变化。路易斯·陈（Louis Chan，1983）在未来税收后收入不确定的情况下考察了政府赤字水平对居民消费的影响，结果证明如果政府税收在个人之间的分布不均，如对某些人的税增加比较多，此时对个人而言征税存在不确定性，造成支配收入存在不确定性，因此，居民就会增加储蓄水平以应对税收增加的风险。结果造成平均储蓄水平的上升，李嘉图等价命题不成立。

此外，李嘉图等价命题假设资本市场是完全的。这个假设在很多情况下也不能成立。对于中低收入居民而言存在明显的流动性约束，同时由于信息不对称情况在资本市场广泛存在，这些因素造成不完全资本市场是一种常态。

2. 我国的条件同假设不完全相符

（1）我国居民具有较强的储蓄倾向而且具有较强的周期性，与生命周期理论所主张的以一生的跨度来寻求效用最大化不同。在我国，人们消费普遍具有“短视”的特征，阶段性非常明显。

例如，在婚前消费可能更多，在结婚时可能花费大量的钱财用于结婚购买住房、办婚宴等，以消费为主。而在结婚后大量储蓄用于供房及养家，同时还要进行养老储蓄。一旦退休后，储蓄行为让位于消费行为。很明显，我国居民的消费可以分为婚前—养家—退休等阶段，而且各个阶段具有支出刚性（这和社会风气有关）。生命周期理论认为个人消费以一生效用最大化为目标，在收入多时多储蓄以弥补收入少时的储蓄减少。当国家发行国债以减少税收时，居民会选择多消费而不会考虑未来的情况，政府融资政策对拉动内需有效。

（2）我国资本市场是不完全市场。我国资本市场相比于发达国家而言比较落后，相关制度有待健全，信息不对称相当明显。我国人均国民收入水平不高，大部分居民面临流动性约束。政府减少税收减少了居民的流动性约束，这样居民可能将增加的流动性用于消费，李嘉图命题不成立。

（3）我国税收以流转税为主，在这种情况下，税收对于可支配收入的影响较小。流转税会影响到企业的利润，而工资具有刚性，很难在流转税调整时做出相应调整，因而增加或减少税收对于居民消费的影响比较有限。

（4）财富代际转移在我国比较明显，但动因不是利他主义。我国父母受到传统观念的影响对下一代格外关照，以至于将自己的大部分财富转移给下一代。这种财富转移与在将来是否会加重税收无关，刺激性财政政策的效果就会大打折扣。

尽管李嘉图等价命题是一种纯粹的理论假设，在经济现实中很难完全实现。但是它揭示了一种可能性，凯恩斯主义的扩张政策不一定完全有效。在特定的条件下这种可能性也会成为一种现实，即财政刺激政策可能不是完全有效的。如政府存在大量赤字的情况下，再采用刺激政策可能其效果就不会很明显，特别是公众预期到将来的税收会加重的情况下。

2.5 小　　结

本章对政府融资的基本概念进行了界定。由于政府的特殊性，政府与其他经济主体融资既有一致的内容，又存在区别。主要区别在于地方政府身份的特殊性，政府具有超强的地位，如果没有法律约束的话，地方政府将比任何经济主体强势。因而地方政府融资机制是地方政府利用市场机制获取资金的运行方式及围绕资金使用权让渡的制度。政府可以利用其自身独特资产作为保证或者抵押，比如未来的税收收入、特殊资产出让收入（比如土地出让）作为抵押。可以根据不同标准对融资进行分类，有广义的融资，也有狭义的融资，广义的融资包括贸易融资、票据融资、租赁融资、项目融资等。根据融资主体，可以分为企业融资及政府融资。根据融资中资金供需双方的特点可以将融资分为两类：直接融资、间接融资。如果抛开政府融资以履行政府公共职能的政治涵义，单从经济意义上来讲的话，李嘉图等价命题及巴罗等人的研究，无疑最引人瞩目，对政府融资的经济效果及影响分析也最为深入和透彻。实际上，政府融资的根本假设就是政府通过融资能够促进经济发展，有利于缓解政府赤字。然而，由于经济传导的复杂性及公众预期的广泛存在，因此，在经济学理性人假设的前提下，公众能够做出独立的判断，并能够根据判断来做出自己的理性选择。李嘉图等价命题是一种纯粹的理论假设，在经济现实中很难完全实现。但是，它揭示了一种可能性。凯恩斯主义的扩张政策不一定完全有效。在特定的条件下这种可能性也会成为一种现实。

第3章

地方政府融资制度的演进与创新

制度经济学认为，制度的演进或变迁建立在制度利益驱动的基础上，是制度供给与需求矛盾关系演化过程中所建立的一种前进态势。融资制度创新是制度演进过程中的一种新的均衡，也是一种融资效率的帕累托改进。我国地方政府融资制度演变是国民经济发展过程中地方政府利益与社会整体利益协调的结果，资金供给与需求矛盾是具体推动因素。

3.1 影响地方政府融资制度演进的因素

从广义角度讲，能为地方政府带来资金来源的行为都是融资行为，因而地方政府税收、各种转移支付收入、地方政府非税收入、市场化融资都属于地方政府融资范畴。如果我们把社会系统简化抽象为三个主体即中央政府、地方政府、公众及公司组织，从社会资本形成角度看，地方政府具有自己的储蓄和投资。当储蓄不能满足投资时就产生地方政府赤字，地方政府（赤字部门）因此需要向其他两个部门（盈余部门）融入资金。地方政府融资的基本目标，就是在自身储蓄资金小于新增投资的情况下，运用各种市场化的融资手段与渠道筹措资金，填补地方政府投资储备资金与投资支出之间的缺口①。

所谓融资是建立在资金使用需求基础上的资金融通。而地方政府融资是地方政府在现行规章制度约束下根据资金缺口，为了履行其职能而获得资金来源的行为。所谓地方政府融资制度是地方政府在融资过程中的运行机制及管理体系，既包括融资主体投融资平台遵守的相关融资规范，也包括与之相关联的企业、居民组织所遵守的规范，是必须遵循的法律、规章等管理规范及融资行为准则的总称。要分析地方政府融资制度的演进必须研究影响制度演进的具体因素。中央政府层面主导制度供给方，市场组织则是制度演变的基础。从制度演变需求角度看，如果把地方政府看成是主导这一演化的行为主体的话，我们可以把相关的因素分为两类：内部因素和外部因素。

3.1.1　内在因素

1. 地方政府职能转变

地方政府从组织层级上讲是中央政府的下层机构在中央政府领导下履行本辖区的行政职能。因而地方政府的职能是中央政府职能的延伸，但作为中央行政指令的具体执行者，地方政府面临的问题更加具体复杂。从经济转轨过程看，通过经济体制改革把属于市场职能的领域划分给了市场，政府职能开始了转变，尽管这个过程是渐进的过程。随着经济体制改革的推进地方政府获得了更多的权利，大大调动了地方政府的积极性。然而政府职能转变和市场分权是同步进行的。在计划经济下政府既是监管者也是执行者，双重矛盾身份造成政府在经济中角色的作用扭曲。在转

① 王元京. 地方政府融资面临的挑战与模式再造. 经济理论与经济管理，2010 (4).

变的过程中，政府需要退出微观决策领域，退出一般经营性领域，需要保留政府调控和宏观职能。在这个转变过程中地方政府职能出现了一些新的变化。

（1）以经济建设为中心是党的基本路线，因而相应的经济建设职能成为地方政府的首要职能。由于基础设施是经济活动及其他社会活动的基础，因而基础设施建设具有重要的意义。加之在改革开放初期，各地基础设施普遍落后，发展经济的第一项任务就是对基础设施进行建设和改造。其中对城市基础设施建设投资占到总投资的绝大多数份额。基础设施建设涵盖的范围较广泛，有工程性基础设施及社会性基础设施。特别是社会性基础设施包含各种科教、文化互动设施，内容广泛，而且随着社会经济的发展公众对社会性基础设施的需要迅猛增加。从产品属性来讲，这类基础设施属于准公共产品，应该由政府具体组织其生产，在我国经济体制转型初期，对这类公共产品的定位未能同纯公共产品加以区分，未形成成本分担机制，完全由政府出资建设，造成地方政府支出压力不断增加。在地方政府融资平台出现后，这种情况有所缓解，但是未能形成有效的制度保障，因而无论是在操作上还是理论上都需要深入实践和研究。

（2）地方政府把经济建设职能作为首要任务落实，经济建设成就也成为地方政府官员升迁及政绩考核的核心内容。在这种情况下，地方政府经济建设职能不断强化，突出表现出来就是地方政府争上项目，争建政绩工程从而引发了“投资饥渴症”。项目全面开花，没有统一的规划和统筹管理，这样项目规划上的无序化造成政府财力难以满足项目建设投资。

（3）宏观经济调控依赖于地方政府的配合。随着中央政府职能的转变及对地方的权利下放，中央政府保留对重大经济决策及宏观全局性经济决策的权利，而很少对地方政府具体经济行为进行直接干预。尽管宏观调控的决策由中央政府做出，然而地方政府在对调控职能的执行中发挥着重要的作用。地方政府是中央政府决策的执行者，因而地方政府的执行意愿及其执行能力对中央政府经济调控职能的发挥具有重要的影响，地方政府在经济调控中的作用越来越明显。在“投资饥渴症”及政绩考核的双重影响下，地方政府的投资激情很容易被点燃，因而刺激性的政府投资政策很容易被落实，在经济刺激的借口下，地方政府同中央政府存在财政资源分配博弈，对资金需求增加。

2. 财政体制因素

1994年分税制改革揭开了财政体制改革深入发展的开端，具有重要的意义。当时改革的背景是地方政府资金来源困难，因而财政收入上向地方倾斜。在地方政府经济支出权限不断扩大下，其财政收入占全国财政收入的比重也不断上升，在分税制改革前的1993年，地方政府财政收入占到78%，财政支出占到71.7%。分税制改革划分了地方和中央收入的范围及划分的比例关系，有效地保证了地方政府收入来源的稳定性，然而分税制改革并没有赋予地方政府税收决策权。改革后的1994年地方政府财政收入仅占全国财政收入的44.3%，而财政支出只下降了2个百分点。随着市场经济体制改革的进行，地方政府还面临着为国有企业下岗职工和大量的失业人口提供社会保障体系的巨大压力①。地方政府的财权无法保证地方政府日益增加的事权支出，这成为地方政府融资紊乱的主要原因。

分税制改革后，地方政府的积极性得到了提高，然而随着经济的发展税收结构发生了明显的变化，事权的进一步下移导致地方政府财权和事权不匹配的矛盾更加突出。此外，社会不断发展导致地方政府的事权不断增加，公众对公共管理水平的要求提高，对公共产品无论是种类还是档次都产生了新的要求，特别是

① 平新乔. 中国财政分权与地方公共产品供给. 财贸经济，2006（2）.

公共服务均等化的呼声不断提高，因而财政体制将随着经济社会发展不断深入改革。

3. 中央政府融资管理经验

转轨经济阶段决定了我国政府需要承担更多的经济社会发展职责，而强大的财力保证是政府顺利运行的基础。各国政府行政的普遍规律表明政府的融资能力是政府财力至关重要的影响因素。改革开放后，除去税收等资金来源渠道主要形成了两类融资方式：显性融资方式和隐形融资方式。

（1）显性融资方式市场化程度不断提高。自1981年来，我国开始发行国债，国债发行量不断上升，国债发行手段市场化程度不断提高，到2009年国债存量突破120000亿元人民币。从发行方式看，1999年起，财政在银行间债券市场上逐渐开始采用招标方式发行国债。1999年，经国家批准发行的债券品种包括国债、政策性金融债、企业债券，总计约5900亿元；其中通过银行间债券市场发行国债和政策性金融债3728亿元，约占发行总量的63%。随发行市场不断完善，从1999年开始，在银行间债券市场发行的债券都由各金融机构自愿认购，债券发行市场化程度有了飞跃性的提高。银行间债券市场已成为我国债券市场的主要组成部分。银行间债券市场的发展为公开市场业务开展提供了重要的基础条件。

国债管理机构不断完善，1988年财政部专门成立国债司。1998年，国务院对政府部门职能调整后，财政才真正实现了政府内外债的统一管理，由财政部统一管理国际金融组织贷款、外国政府贷款和对外发行债券等，统一对外谈判、签约、转贷和负责对外偿还。

国债交易方式不断丰富，推出了很多衍生产品。比如，最基本的国债的现券中实行买断式回购和质押式回购两种回购交易方式，还推出来了远期交易、利率互换等等。随国债流动性不断提高，交易量不断增加（见图 3-1）。以政策性国债为例，各类债券数量增加迅速，增长率保持在 10% 以上，2002 年各债券换手率低于 40%，除农发行债券外，其他政策性债券换手率迅速增加，国开债券 2003 年达到了 120%，农发行债券在 2005 年超过了 110%。截至 2005 年，国债换手率超过了 50%。月度发行情况来看，截至 2015 年 12 月，当年政府债券累计发行 5.82 万亿元，开发银行债券累计发行 1.13 万亿元，进出口银行发行债券累计 5780 亿元，农发行债券累计 8649.7 亿元，而 2008 年 12 月政府债券与政策性金融债券当年累计发行分别为 7246.39 亿元、6200 亿元、1793.7 亿元、2815.6 亿元，政府债券增长近 7 倍。从债券与基准利率来看，2012 年以后债券收益率与基准利率的走势基本一致，而政策性金融债券与地方政府债券收益率相差越来越小，反映了债券市场与资本市场市场化程度进一步提高（见图 3-2）。

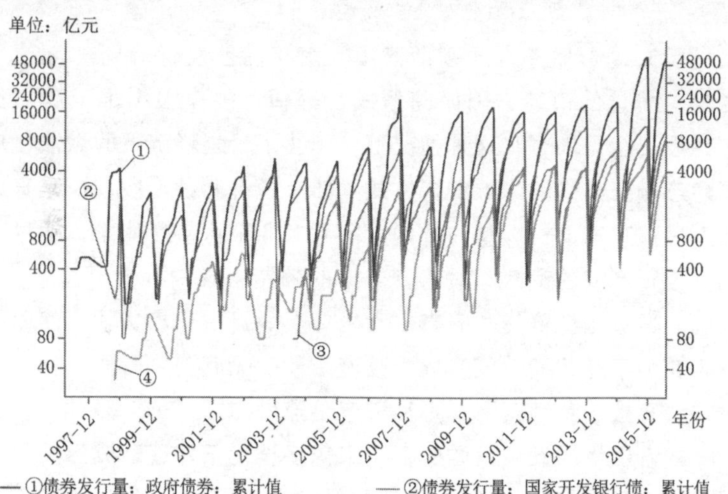

图 3-1　政府债券与政策性金融债券发行情况

数据来源：Wind 资讯，中国债券信息网。

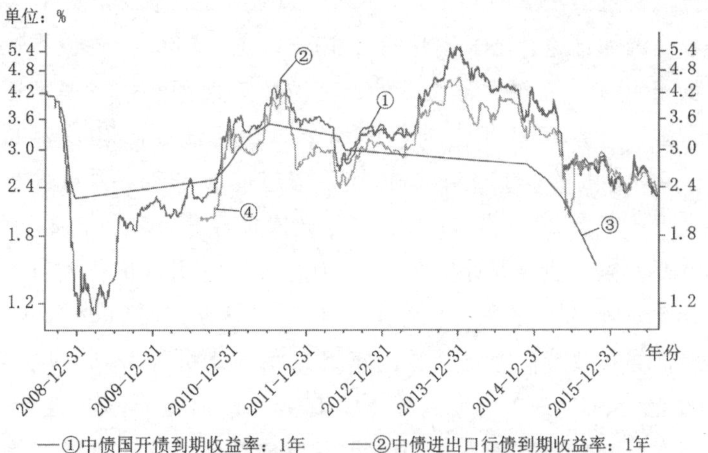

图 3－2　地方政府债券与政策性金融债券收益率与基准利率（1 年期）

数据来源：Wind 资讯，中国债券信息网。

（2）隐形债务方式逐渐淡出。由于国债发行受到“无债一身轻”思想的束缚，因而国债发行谨慎，规模很小难于满足经济建设资金需求。在这种情况下，延续了计划经济下的做法使用了隐形融资方式。隐形融资方式具体来说有两种手段；一是直接向人民银行透支；二是通过四大国有商业银行垄断体系，通过对国有银行产权的垄断和对信贷配给的控制来控制社会资金①。中央政府通过压低信贷利率直接为国有企业提供优惠贷款，然而国有企业由于经营绩效低，成为政府贷款的无底洞。商业银行在中央政府直接干预经营下，不良资产迅速增加。

随着经济的发展，政府资金来源多样化条件逐渐成熟。首先国债规模不断扩大，2003 年达到了 4.5 万亿元，大大缓解了中

① 孟艳. 关于我国政府融资与国有银行业发展的思考. 中央财经大学学报. 2004 (7).

央政府资金困难的局面。随着资本市场的发展，直接融资方式成为企业取得资金的重要方式。国有企业除了获得商业银行贷款外，还可以通过股票市场筹集企业发展所需资金。1998 年金融危机后国有商业银行在金融体系中的地位日益突出，因而国有商业银行的发展对于整个国民经济体系具有重要的意义，中央政府摆脱了对商业银行信贷的直接干预，2003 年商业银行改革中，中央政府向国有商业银行注资，剥离不良资产，支持其上市形成法人治理结构，从而有利于其独立经营。

中央政府国债的成功管理经验为地方政府融资方式特别是地方债的发行打下了坚实的实践基础，同时中央政府摆脱对商业银行资金的依赖经验将为地方政府阳光融资提供重要的参考价值。

3.1.2　外在因素

1. 金融市场的发展

所谓融资实际上是动员资金的一种能力，在经济转轨过程中逐渐会过渡到通过市场动员资金的渠道。金融市场的发展是政府融资的基础条件。首先，商业银行不断发展，银行业务市场化程度不断提高。特别是随着经济发展，商业银行可贷资金不断增加，流动性充裕，城乡储蓄余额不断增长。从图 3 – 3 看出，我国城乡储蓄呈爆炸式增长，1998 年为 5.34 万亿元，2014 年达 48.52 万亿元，增长 8.09 倍，全国平均储蓄增长率为 14.92%。国有商业银行均完成上市，建立了公司法人治理结构。商业银行作为主要的参与者具备了参与政府债券市场的条件。其次，资本市场为政府融资提供了良好的渠道。地方政府项目可以发行债券，绝大部分以城投债的形式进行。城投债起源于上海市，1992 年，为支持浦东新区建设，中央决定给予上海市五个方面的配套资金筹措方式，其中之一是 1992—

1995 年每年发行 5 亿元的浦东新区建设债券。1992 年，规模 5 亿元的浦东新区债券成为第一只城投债。城投债期限长、成本低，又常常成为子公司的项目资本金，正好解决了地方政府基础设施投资回收期长、资本金不足的问题，所以被地方政府广泛关注。债券市场运行已经成熟，具备了地方政府债券发行的初步条件。随股票市场进一步完善，多层次资本市场基本建立，政府通过证券市场获取资金渠道被打通。

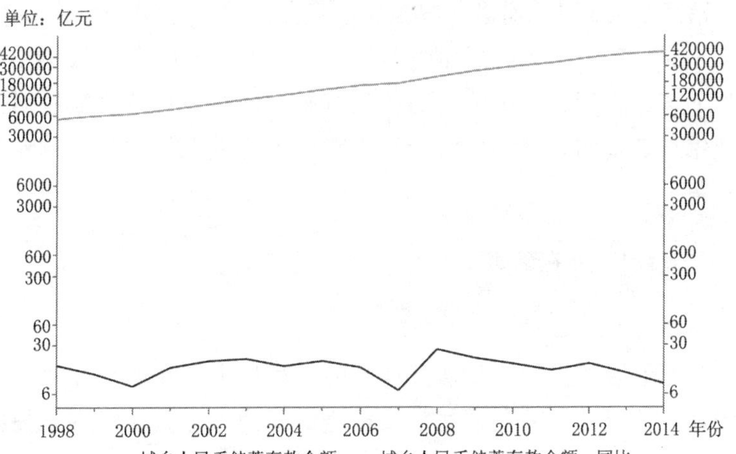

图 3-3　1998—2014 年城乡储蓄余额变化情况

数据来源：Wind 资讯。

2. 社会公共需求

经济社会发展满足了公众的物质和文化需求。由于需求具有层次性，因而公共需求也具有层次性。杨全社（2010）根据马斯洛的需要层次理论，从需求方面对公共产品进行分类。本书认为这种分类方法对于我们更好地理解公众对公共产品需求的提高具有重要的参考意义。马斯洛认为人的需要具有层次性，在低层次的需要得到满足后就有高层次的需要出现。按照马斯洛对需要的划分我们可以把公共需求分为五类：生理需求的公共产品、安全的公共产品、爱与归属的公共产品、满足尊重需要的公共产品、自我实现的公共产品。随着社会的发展，越来越多的产品属于准公共产品，而非纯公共产品生理需求的公共产品得到满足后，安全与归属等公共产品则成为地方政府支出的重心。

在改革初期，我国经济社会发展目标在于解决温饱问题，因而以温饱问题为核心的低层次公共产品是政府公共产品提供的主要内容，比如保障城市粮食流通供应、兴建大型农资交易市场、供水工程等。随着社会的发展，教育、文化等成长为主体的公共产品，公共需求覆盖更多层次，这样政府支出相应不断增加。

3.2　地方政府融资制度的演进

当地方政府大量缺乏资金而又无法通过中央政府允许的渠道获得资金时，就不得不采用隐性渠道获得资金，因而我国地方政府市场化融资在实践中设立了地方政府融资平台，操作上通过绕开中央政策上的禁令获得大量融资。尽管我国没有出现允许地方政府融资的制度性规定，但根据地方政府融资方式的转变及融资规模发展，本书把地方政府融资制度的演进分为三个阶段。

3.2.1　改革初期至 1994 年

在改革初期，中央政府不允许地方政府融资，因而地方政府融资制度也体现为中央与地方政府的财政体制，即地方政府主要通过财政手段获得资金。如果地方政府资金缺乏，采用拨款方式对地方政府的预算缺口补足。中央政府通过发行国债获得资金，其中一部分资金无偿调拨给地方政府使用。这种通过中央政府发行国债为地方政府提供资金的方式在很长时期内存在，直至2009年代发地方债才有所突破。需要注意的是，中央政府鼓励地方政府引入外资，最初以争取国外项目贷款等方式，为地方政府融入了外汇资金。这些项目贷款及项目合作的经验为地方政府融资平台的建立积累了经验。广义讲，地方政府通过建立“三资企业”也获得了经济建设资金。通过设立“三资企业”的方式实际上使得地方政府获得了项目建设的资金，保证了一些重点基础项目建设。如图3－4所示，我国利用外资数量不断上升，2008年利用外资实际增长23.58%，2012年利用外资增长－3.7%，这种负增长情况仅1999年、2012年出现过。地方政府的资金依赖于中央政府的拨款，因而中央政府是融资来源的主要渠道。在中央和地方政府权限划分模糊的情况下，地方政府在项目建设上存在“搭便车”。地方政府和中央政府的财权事权界定不清楚是历史造成的问题，在这种情况下，财权和事权主要集中在中央政府手中，地方政府的积极性受到压抑，因而地方政府依赖于中央政府的拨款进行投资，这样投资项目和投资资金不匹配的矛盾并不突出，有多大财力干多大事。中央政府和地方政府的支出和收入基本平衡。

1985年后实行“划定税种，核定收支、分级包干”的财政体制。在实施财政包干体制后的1985年至分税制前的1993年，中央财政收入占全国财政总收入比例平均为31.8%，中央财政支出占全国财政总支出比例平均为33.9%，达到收支比例基本平衡①。地方政府经常瞒报收入越演越烈，加上没有法律规范来约束地方和中央的财政预算关系，因而中央财政收入不断下降，到1993年所占比例为22%。中央和地方收支矛盾逐步凸显，中

① 孔善广.分税制后地方政府财事权非对称性及约束激励机制变化研究. 经济社会体制比较，2007（1）.

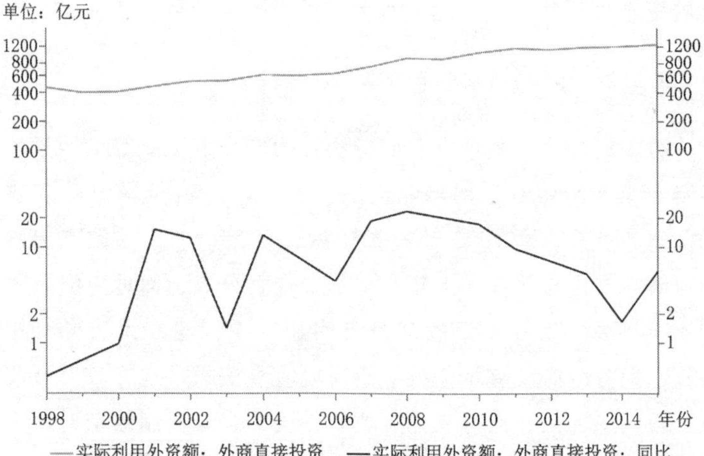

图 3－4　我国 1995—2007 年利用外资情况

数据来源：Wind 资讯。

央对宏观经济的调控能力不断弱化。1988 年中央颁布《关于地方实行财政包干办法的决定》并特别强调，“各级人民政府领导同志要严格按照国家的方针政策，发展经济，管好财政。体谅中央的困难，正确处理中央和地方的利益关系”，体现了中央财政的困难。

随着经济的发展，到 20 世纪 90 年代后，中央政府开始下放一部分事权，相应赋予地方政府财权，中央对地方官员的考核更注重经济发展的考核，因而地方政府投资开始迅速上升，以基础设施为主体的投资占到政府总支出的 50% 以上，特别是城镇化进程加快后，地方政府资金缺口逐渐显现，出现了地方政府融资的需要，然而此时通过中央的进一步支出转移不大可能，因为中央财政承担的事权平均在 70% 以上，中央财政收入约占全国财政总收入的 50% 。地方政府不得不考虑从其他资金渠道获得融资，然而由于金融市场发展的条件还不完全具备，结合改革中外汇缺乏的现状，地方政府依靠国外贷款或援助获得一些资金，用这些资金进行基础设施建设及引进重点工业项目设备。

3.2.2 1994—2008 年

分税制的改革是地方政府融资行为转变的重要推动因素。在1994 年实施分税制后的当年，中央财政收入占全国财政总收入比例迅速上升，由 1993 年的 22% 激升至 55.7%，财政支出占全国财政总支出比例却比上年只增加 2 个百分点，而地方财政收入则比上年减少 32%，事权却没有明显减少。地方无法享有相应财权，地方政府没有举债权，没有税收立法权，地方政府财政出现严重困境，只有通过其他方式获得资金。分税制改革对地方政府融资的影响至少体现在三个方面：其一，造成地方政府财权和事权的不匹配，地方政府融资压力巨大。一般情况下，地方政府融资明的渠道是通过转移支付渠道获得资金，形成“跑部钱进”的局面。如果在支出突然增长情况下，比如“普九目标”，地方政府不得不考虑通过其他方式获得资金。其二，形成中央政府对地方政府的“逆向软预算约束”①。分税制改革后，中央政府的财政压力大大减小，地方政府支出压力不断增加，在这种分配格局下，中央政府通过转移支付的方式补充地方政府一部分资金，其余缺口通过地方政府自行解决。规范操作下，地方政府设立融资平台，为基础建设融入资金；不规范的操作是基层政府向企业或个人征收正式税收之外的各种苛捐杂税，将政府之外的资源转变为政府可支配的（正式或非正式的）财政能力。这种相对规范的融资方式得到了中央政府的认可。其三，这种分税制下所形成的财政关系上升到了法律的角度，具有重要意义，然而地方政府这种财政窘境也为法律所固定。特别是为了避免地方政府大量

---

① 周雪光. 逆向软预算约束：一个政府行为的组织分析. 中国社会科学，2005(2).

举债，中央政府关闭了地方政府融资的“明”渠道。1994 年颁布沿用到现在的《预算法》第二十八条规定：“地方各级预算按照量入为出、收支平衡的原则编制，不列赤字。除法律和国务院另有规定外，地方政府不得发行地方政府债券。”这段时期发展的特点就是中央政府鼓励地方政府通过融资平台、通过规范的市场化路径获得资金。

城市建设投资占地方政府支出的比重大，是重要的投资领域，城市建设的融资是地方政府融资的主要内容。1986—2007 年，我国城市维护建设资金从 144 亿元增加到 8493 亿元，但是中央政府拨款由 1986 年的 9.6 亿元下降到 2007 年的 0.41 亿元；地方政府城建资金由 127.6 亿元增加到 4727 亿元，年均增长 19.3%。实际上，地方政府资金占全部城市维护建设资金的比例由 88.2% 逐步下降到 55.7%。因而其余资金通过政府融资获得，贷款规模由 1986 年的 3.2 亿元迅速增加到 2007 年的 2247 亿元，所占比例平均在 26.5% 以上。1996—2007 年，城建领域的企事业单位自筹资金由 119.4 亿元增加到 1362.2 亿元，所占比例由 14% 上升到 16%。可见，随着投资和经营主体多元化以及融资方式的多样化，银行和社会资金更多地进入到城市建设和维护领域，城市建设对银行信贷的依赖性显著增强，地方政府支出对融资的依赖加强。

从融资方式来看，政府越来越依赖于未来土地收益以获得融资。政府通过土地入股或者土地收益担保获得融资，打捆贷款是政府融资的特点。地方政府成立融资平台，在地方政府承诺及出具安慰函的前提下，国家开发银行及商业银行与地方政府建立紧密的银政关系，并对其进行大额授信，发放打捆贷款。国家开发银行还协助地方政府完善信用体系，从而形成了一个地方政府、融资平台与商业银行间相互依存、紧密相联的基本融资方式框架。这种融资方式的形成满足了中央政府、地方政府、商业银行各方的利益诉求，是适应当时财税、金融体制以及经济发展阶段性要求的必然选择①。

3.2.3 2009 年之后

2009 年地方债登堂入室，由中央代发 2000 亿元地方政府债券。这在制度上来看是地方政府阳光化融资的尝试。尽管发行结果不理想，但是地方政府发行债券已经迈开了坚实的一步。“2009 年的 2000 亿元赤字的弥补就是以地方债的形式透明地、公开地发行地方债。当然，也附加了一个条件就是财政部代理发行，财政部代理发行等于给地方债引入了中央政府的隐形担保。但是它在规范程度上今非昔比，明显地在规范程度上高出了一个数量级。就是对比上一轮，我们应对亚洲金融危机的时候，长期建设国债其中相当可观的一部分转贷给地方政府使用。但是当时说比照世界银行贷款的转贷账务处理，经过这样处理既不在中央预算反映也不在地方预算反映，这样债务资金在运行中所受到的约束，显然难以到位，它所带来的相关管理方面的缺陷也就不难理解，往往还本付息，这是在形式上有这么一个要求，实际上很难落实。而 2009 年我们这 2000 亿元地方债明确地列入省级地方预算，也就意味着它要接受省级预算的全套程序约束，在透明的情况下，承担还本付息的职责。但是省级政府牵头要和辖区内下面地方政府层次一起形成具体的资金运用和还本付息的方案。”②

2010 年，为了有效防范财政金融风险，国务院下发了《国务院关于加强地方政府融资平台公司管理有关问题的通知》以加强对地方政府融资平台公司管理，保持经济持续健康发展和社会稳定。实际上这也是发出了对地方政府融资平台趋紧管理的信

---

① 刘立峰. 地方政府融资研究. 宏观经济研究，2010（6）.

② 贾康. 2009 年在“中国城市投融资论坛的讲话”.

号。该通知对地方政府债务的清理、银行贷款的规范、制止地方政府担保承诺作出了规定。

2009年以来，我国地方债经过“代发代还”、“代发自还”、“自发自还”三个阶段。前两个阶段由中央政府代发，还不是真正意义上的地方债，特别是新预算法的修订，准许地方政府自行发债，具有划时代的意义。2014年启动了地方政府“自发自还”债券，批准10个地方政府自发自还发债，共计1092亿元，标志着地方债改革进入了新的阶段，真正的地方债进入了历史舞台。与前两轮发债不同，该轮改革要求发债必须以地方政府信用为基础，必须自发自还；同时应当披露相关信息，比如发债主体的债务情况、经济情况、财政收支情况，并在此基础上尝试信用评级；债券到期时间相比以前延长2年以上，到期时间分别为5年、7年、9年。债券利率，基本等同于国债利率。

PPP项目推广取得了较大成效。中央积极推广PPP项目融资模式，积极引导民间资金参与公共项目建设。2014年12月财政部公布了首批PPP示范项目，30个项目总投资规模约1800亿元。2015年9月，财政部发布第二批206个项目，涉及投资金额6589亿元。2016年6月，财政部等20个部门联合启动了第三批项目申报，截至7月，各地共申报项目1070个，项目计划总投资2.2万亿元，涉及能源、交通运输、水利、环保、保障性安居工程等公共服务领域。

3.3 地方政府融资平台的运行

3.3.1 地方政府融资平台存在的合理性

所谓地方政府融资平台是指地方政府组建的不同类型的城市

建设投资公司、城建开发公司、城建资产经营公司等经济实体。这些公司往往通过政府财政注入资金、提供担保、以土地入股等方式以求符合基本融资要求，成立的目的在于获得融资。本书认为，当时地方政府融资平台融资功能得到强化主要依赖于两个条件：其一，金融市场的发展为地方政府融资提供了现实条件；其二，刺激经济的巨大资金需求与财政过渡式分权下的地方政府资金软约束为地方政府融资提供了政策环境。在资金缺口所占比重不大情况下，加强对融资结构及总量的控制及资金利用的管理，将有效提高政府运行效率。

实际上地方政府融资平台早在20世纪80年代就已出现，上海市最早成立了地方政府融资平台，当时是为了缓解基本建设资金不足，平台所获的资金主要为了解决市政建设和重大基本建设项目。这种具有深厚政府背景的公司组织为保障基本建设的进行发挥了积极作用，由于当时融资规模有限，全国各地地方融资平台数量也不多。而在改革开放初期主要以融资平台进行国外融资获得国外机构如世界银行的贷款以及国外政府的资金援助，成立这样一种组织的初衷在于同国外金融市场的对接并便于对这些资金进行管理。而且在改革初期通过融资平台所获得的资金同国家财政拨款资金相比所占比例非常小，也没有受到社会的广泛关注。同时，由于当时我国金融市场改革相对滞后，货币派生能力较弱，融资平台的杠杆融资能力很难发挥出来，加上金融机构信贷管理比较严格，金融机构自主贷款权限比较有限，因此地方政府融资平台的两面性之一——风险放大功能很难体现出来，这样融资平台作为地方政府资金的补充渠道一直比较平稳运行。1998年以后这种情况出现了变化，在当时实施财政政策刺激内需的情况下，地方政府融资平台发挥了巨大作用即撬动了巨大的基础设施投资，地方政府融资平台风险开始显露。

3.3.2 地方政府融资平台的发展历程

随着中央政府行政权力的下放，地方政府完全拥有投资决策权。特别是经济建设成为地方政府职能重心，计划经济下压抑的公共需求得以释放，地方政府主导的投资活动频繁，地方政府融资缺口进一步显现。但是，地方政府却未能拥有直接融资决策权，只能是在中央政府政策允许的范围内大胆尝试。地方政府作为独立的融资行为主体拓展了资金来源渠道。总体来说，地方政府融资方式在多种，主要方式有银行贷款、主权外债融资、发行城投债等方式变相发行公债、项目融资、土地批租等。不可否认这些融资方式为地方政府筹集资金发挥了重要作用，特别是对于基础设施建设、城市市政建设立下了汗马功劳。然而，这些只能是地方在融资制度转变过程中的权宜之计，只能解决短期政府资金不足的问题。从经济转轨背景来看，仅是地方政府融资的过渡性安排，作为辅助手段发挥作用。本书认为地方政府融资平台是我国投融资体制下的创新，具有重要的意义。根据地方政府融资平台发挥的作用，结合我国财政体制改革，地方政府融资平台的发展可分为四个阶段。

1. 改革开放初期至 1994 年（初步探索阶段）

目前，很多研究认为真正意义上的政府融资平台是成立于 20 世纪 90 年代的上海城投和上海久事，通过这两大平台大量举借外债，使基础设施建设从政府直接投资转向政府性投资公司进行间接投资。通过这两大平台向外国政府举债（贷款），补充城市建设资金，比如建造上海最早的地铁 1 号线获得了国外低息资金的支持。但本书认为，地方政府融资平台的产生和中央与地方财政关系及投融资体制改革密不可分。因此，我门应该把眼光投向财政体制改革的初期阶段。这个阶段，地方政府项目投资资金来源经过了三个明显的变化，而在 1994 年实行分税制改革，实际上更进一步明确这种资金关系的改革方向，理清地方政府和中央政府在财权和事权之间的关系，而中央寄希望于分税制改革强化地方政府在融资中的责任。然而在分税制改革中，预算法明确规定了地方政府没有举债权限，这为以后地方政府隐性负债的大量增加埋下了伏笔。

基本建设资金的拨改贷。改革前实行财政拨款、建设单位无偿使用的管理体制。这种资金管理办法和体制与计划经济相适应，对于集中国家资金于重点项目建设，迅速建立我国的工业体系和国民经济体系起到了重要作用。但随着经济体制改革的推进，这种无偿分配和使用资金的办法越来越暴露出许多弊端。主要是财政资金的无偿使用，缺乏权责利统一的自我约束机制，助长了地方政府争投资、争项目，资金使用严重浪费，投资效益低下现象经常发生。1979 年年初，许多经济界人士主张实行基本建设投资有偿使用制，即把基本建设投资由财政无偿拨款改为银行贷款有偿使用。当时，中央领导人曾考虑将财政拨款制度改为银行信贷制度，把银行作为发展经济、革新技术的杠杆。1979 年年底，开始选择少量条件较好的项目进行试点。1981 年，扩大了拨改贷的实行范围，凡是实行独立核算、有还款能力的企业，都应实行基本建设拨改贷制度。但是，由于基本配套改革未跟进，同时财政“分灶吃饭”的体制与基本建设“拨改贷”办法有矛盾，加上地方政府部门长期以来习惯无偿拨款办法，因而拨改贷进程缓慢，投资额仅维持在 30 亿元左右，占基本建设投资预算的比例只有 10% 左右。由于“拨改贷”处于初创阶段，在推行过程中受到客观条件的制约，产生了一些问题。1986 年后，经国务院批准对于国防科研项目和学校等一些非盈利性项目不再实行贷款而恢复拨款，对拨款投资建设项目进行范围界定，对经营性项目仍然实行“拨改贷”。实行双规制后，项目建设资金管理进一步规范化，避免了有偿资金使用流于形式，减少了建设银行和项目主管部门大量的事务性工作。经过规范和调整后，“拨改贷”资金占预算内基本建设投资总量大幅提高到 30% 以上，到 1993 年年底“拨改贷”贷款余额为 700 多亿元。

建立基本建设基金和国家专业投资公司。随着投融资体制的改革，项目建设资金来源渠道多样化、投资主体多元化、投资决策分权化的局面逐渐形成，搞活了经济，调动了各方面的积极性。但仍存在两大主要问题：一是在资金运用上形不成合力，资金的分散使用导致了各地方重复建设屡禁不止。各地方在通过信贷获得资金时，并没有投资协调渠道，未形成具有全局观的统一协调机制。由于具有还款压力，各地争上具有“短平快”特点的项目，很难做到统一规划，加上资金分散于各地方、企业和部门，中央宏观调控乏力。二是中央政府财力有限，每年安排的预算内基本建设项目投资数额相对较小而且不稳定，无法保障关系国计民生的重点建设项目和基础设施建设，无法用中央投资来引导地方投资，进而实现投资宏观调控的目的。这样，建立中央政府能够掌控的投资基金来源，一方面保障国家重点建设的资金需要；另一方面能对投资和预算外的资金加以引导。1988 年国务院发出了《国务院关于印发投资体制近期改革方案的通知》，并附发了《国家基本建设基金管理办法》。中央基本建设资金由能源交通重点建设基金的中央使用部分，建筑税中的中央使用部分，铁道包干投资和下放港口收入中用于基本建设投资中部分，国家预算内“拨改贷”投资收回的本息，财政定额拨款等五部分组成。同时，国务院批准建立了国家能源交通、原材料、机电轻纺、农业和林业等 6 个专业投资公司，各个国家专业投资公司使用中央基本建设资金，分别经营本行业的经营项目的固定资产投资，经营与本行业有关的横向交叉和综合利用等方面的项目；向地方、企业投资的项目参股，经营利用外资、中外合资项目和对外投资项目并确保新增生产能力和国家建设任务完成；通过基本建设、技术改造和对地方企业资金的导向，不断优化产业结构和地区结构。国家专业投资公司既是从事固定资产投资的开发和经营活动的企业，又是组织中央、地方经营性投资活动的主体；既具有控股公司的职能，使资金能够保值增值，又要承担国家政策性投资职能。在对专业投资公司的管理上采取独立核算，应用企业管理机制进行管理。

2. 20 世纪 90 年代初期至 1997 年（探索形成阶段）

（1）投融资制度改革背景。从投融资体制看，随着市场经济体制改革目标的建立，界定政府投资边界和社会投资边界是本阶段突出的特点。1992 年，邓小平南方谈话为投融资体制改革提供了一次契机，特别是在党的十四大确立了社会主义市场经济体制和市场经济目标后，投融资体制进行了市场取向的一系列改革。1993 年，党的十四届三中全会审议并通过的《中共中央关于建立社会主义市场经济体制若干问题的决定》把投资分为公益性、基础性和竞争性三类：公益性项目由中央政府和地方政府分别建设；基础性项目以政府投资为主，并吸引企业和外资参与；竞争性项目由企业投资建设。此外，又进行了一系列配套改革，主要是试行项目业主责任制和项目法人制，撤销 6 个国家专业投资公司，组建国家开发投资公司等政策性投资公司，将部分企业“拨改贷”资金本息余额和经营性基金本息余额转为国家资本金。同时，对地方政府投资决策权限进一步下放，不需要国家投资的基本建设项目、农林水利项目、地方和企业自筹资金建设的社会公益性项目，房地产开发及商贸开发，投资总额在 2 亿元以下的不必报中央审批，按照“谁投资、谁决策、谁受益、谁承担风险”的原则，由地方和企业在自身决策范围内自主决策。国家放宽民间投资准入门槛，鼓励民间资本进入基础建设投资领域。投融资体制改革的具体措施有：

试行项目业主责任制和法人责任制。长期以来，建设项目管理中业主缺位，虚拟的所有制在实践中很难解决投资中的问责问题，这样造成项目效率低下、不顾经营效率盲目投资。通过实行业主责任制有助于解决建设管理上无人负责的问题，改变筹资建设与还贷脱节的问题。1996 年国家计委印发了《关于实行建设项目法人责任制的暂行规定》，规定由项目法人对项目的策划、资金筹措、建设实施、生产经营、债务偿还和资产的保值增值实行全过程负责，这样有利于建立投资责任制约束机制，规范项目法人行为，明确责、权、利，提高投资效益。

财政部成立基本建设司负责国家基本建设预决算及财务管理，剥离了建设银行代管的基本建设资金管理财政职能，由国家开发银行从事政策性基本建设业务。这样有利于国家对基本建设投资进行专门管理，重建中央和地方基本建设投资管理体系，进一步加强对国家预算内基本建设投资的管理，逐步走向正规化和规范化运作，同时提高了管理效率，有效地界定了政策性业务和非政策性业务的范围，从而区分了政府投资和社会投资边界。同时，为了改善金融运行，提供良好的投融资环境，成立了国家开发银行、中国进出口信贷银行和中国农业发展银行负责经营原来由人民银行和国家专业银行承担的大量政策性贷款业务，初步实现政策性金融和商业银行的分离。

国家组建金融资产管理公司。国家组建金融资产管理公司收购由于历史原因造成的银行不良资产，把原来银行与企业间的债权债务关系转变为金融资产管理公司与企业的控股（或持股）关系，债权关系转为股权关系，还本付息就转变为按股分红。国家金融资产管理公司成为企业阶段性持股的股东，依法行使股东权利，参与公司重大决策，但不参与企业的正常经营活动，在企业经营好转后通过上市、转让或企业回购形式收回这笔资金。债转股推动了现代企业制度的建立，有利于发展多元化的产权机构和国有资本实施战略性重组。

（2）融资平台的发展。最早的政府投融资平台出现于上海。改革开放初期，上海成为全国财政收入的主要来源之一，为改革初期的基本建设提供了大量的资金。国家财政捉襟见肘很难为地方建设提供充裕的资金，上海城市建设资金缺乏，但上海单独享有利用外资的政策。国家在 1986 年专门发文国函〔1986〕94 号，批准上海以自借自还的方式，扩大利用外资搞城市基础建设等，此为“94 专项”。在这种制度安排下，上海市进行了制度创新，于 1987 年专门成立了实体公司“上海九四公司”，对“94 专项资金”进行管理、调剂和管理。后来，改名为大名鼎鼎的上海久事公司。上海久事公司的诞生是上海投融资制度改革的产物，是市场经济改革取向中市场化运作基本建设资金的革新，改变过去通过计划手段分配基本建设资金的做法，避免了基本建设资金的低效率使用。结合当时的改革背景，上海市政府投融资平台的产生及发展，实际上是城市建设需求倒逼的结果。由于解放后支援国家重点项目建设，上海市政建设的历史欠账很多，但是当时财源有限，在不允许公开举债的情况下，只有搭建地方政府投融资平台，以平台公司向国内外金融机构贷款，支持城市建设。正是在这种倒逼之下，上海市政府率先搭建了久事公司这个投融资平台。在此基础上，又根据城市发展的需要，衍生出了更多的投融资平台。

久事公司成立后，第一批融到了 32 亿美元的外资。据张桂娟向《上海国资》介绍，这 32 亿美元借债，14 亿美元用于城市基础设施建设，先后建设了南浦大桥、地铁一号线、虹桥机场改造、20 万门城控电话、河流污水治理等五个项目；13 亿美元用于工业项目，一共搞了 256 个项目（如引进新型设备）；5 亿美元用于其他贸易，比如建设了一批旅游宾馆。上海的城市面貌得以大大改善。因为久事公司的债务很重，建设任务又要继续进行。1992 年，上海城市建设投资开发总公司（以下简称上海城投）创立。城投出场，久事公司得以“休养生息”。

3. 1998年至2008年（发展融合阶段）

（1）亚洲金融危机下的蓬勃发展。在亚洲金融危机影响下，国家加强了宏观调控，鼓励地方政府进行投资以拉动经济增长。1997年7月，亚洲金融危机爆发，对国内经济造成影响。国内需求受到宏观经济运行的影响，由卖方市场迅速转变成买方市场，经济出现下滑趋势明显。为了扩大消费，刺激经济增长，我国在1998年开始实施积极的财政政策。需要特别注意的是中央发行特别国债，并将部分国债转贷给地方，这些都促进了地方投融资平台的发展，是政府债务管理的创新。财政部〔2004〕调研报告指出，2004年城市政府性投资公司债务占整个城市债务的36.5%，约为3942亿元至4380元。如果城市政府性投资公司占整个地方投融资平台数量比例按40%计算，那么2004年整个地方投融资平台的负债约为9855亿元至10950亿元。结合我国经济持续增长的事实，这种负债水平处于正常水平。

2004年，我国经济保持高速增长，但是固定资产投资增长过快，经济运行出现“过热现象”。此外，我国农业、教育、卫生和社会保障等领域投资相对匮乏。在这种情况下，2005年国家将积极的财政政策转向稳健的财政政策，同时对货币政策也实施稳健的方针，对地方债务进行限制和整顿。地方投融资平台进入调整期。据估计，2008年年初，地方投融资平台负债总计1万多亿元。这一债务规模和2004年债务规模大致相当，整体看来，1998—2008上半年，地方投融资平台处于快速发展阶段。在投融资平台的发展中逐渐形成两种模式：

芜湖模式。在上海市政府融资平台制度创新并取得良好的融资效果，创造了巨大的社会效益和经济效益后，各地纷纷学习“上海经验”，结合本地的情况，创造性地建立地方政府融资平台。具有代表性的是：一种是安徽芜湖模式。1998年安徽的芜湖市与国家开发银行签订了第一单贷款协议。国家开发银行向芜湖经济技术开发区贷款 10 亿元人民币，支持芜湖开发区新区基础设施建设，成为迄今为止金融界向芜湖开发区提供的最大一笔贷款项目。这笔贷款是第一笔政府同银行合作获得融资的打包贷款方式，对于支持当地的基础设施建设具有重要的意义。在偿债举措上，一方面通过财政预算内资金、财政专项资金、政府收入性资金作为偿债来源；另一方面通过土地批租、资产盘活及政府资产增值作为偿还保障。国家开发银行原是从事“基础设施、基础产业和支柱产业”方面信贷业务的政策性银行，在做大信贷规模又要防范信贷风险的情况下，与地方政府一起整合利用政府信用、统筹政府资源，创新了“银政合作”、“打捆贷款”的具体操作方式，其他大中型商业银行纷纷进行仿效。2003 年至 2006 年，地方政府一方面和各大商业银行签订“银行和政府合作框架协议”；另一方面纷纷筹建地方政府融资平台，将地方市政、交通、环保等建设项目“打捆”纳入“银政合作”框架内，具体承接银行贷款，地方财政部门同时承诺在融资平台无力偿还债务的情况下由其统筹安排。

重庆模式。随后重庆市政府建立了“八大投融资平台”，并得到国家开发银行的支持和世界银行的肯定，重庆模式可以归纳为“一支撑 + 八平台”，彼此间分工明确，在相应领域进行投资，完成城市基础设施建设和国有资产保值增值的功能。2003 年，重庆市国资委在成立之初就确定了要成立大型国有投资集团进行基础设施建设和促进经济发展的思路。为此，重庆市政府将政府资产、资金和信用进行整合，分别成立了重庆渝富资产经营管理有限公司和重庆市城市建设投资公司等八大专业投融资平台，处理各自领域的业务。对于这些投融资平台的管理，重庆市政府或交由国资委管理或授权由国有企业代为管理。

4. 高速发展期

（1）投融资平台高速发展的背景。随着改革的深入及财税体制改革的推进，地方政府融资不断发展。1994 年分税制改革以来，中央财政收入的绝对地位得到保证，中央政府的权威也得到了巩固，财政收入不断增加。中央政府在大量下放事权的同时，并没有相应地赋予地方政府一定的决策权，导致了地方政府对中央财政转移支付高度依赖。地方事权的不断增加给地方财政支出造成沉重压力，例如，在以县级为主的义务教育支出中，地方政府支出占 65% 以上。事实上，政府与市场的关系还没完全理清，在一些行业和领域存在政府的缺位和越位。地方政府和中央政府的支出事权划分并不明晰，形成你中有我、我中有你的局面，很难明确责权利对等关系，在实践中很难进行有效监管。

转变经济驱动力的宏观调控政策强化了地方政府融资行为。从改革开放到 1998 年前，国内经济刚性需求不断释放，地方政府主导的投资建设项目不断增加，国内经济增长潜能不断释放。同时，随着国外市场需求不断增加及国际贸易稳步增长，我国经济高速增长，GDP 增长率达到 14%，经济增长目标的实现轻而易举。经济调控成功软着陆，宏观调控手段效果不断显现。从经济增长依赖路径来看，投资、消费、出口比例结构逐渐失衡，我国经济增长逐渐依赖出口拉动。

20 世纪末我国经济面临的国际经济形势发生重要的变化。亚洲经济危机和 2008 年的金融危机造成出口迅速下滑，特别是金融危机造成我国出口猛降 40%。在这种情况下，决策当局决定实施积极财政政策和宽松货币政策以保持经济增长，通过中央财政在基础设施方面的支出带动地方的项目建设。

1998 年政府为了促进经济发展，增发了 1000 亿元人民币国债，加上配套资金达 2000 亿元。1999 年政府又在原来发行 3400 亿元国债的基础上增发 600 亿元国债，加上配套资金共达 1200

亿元。2008 年年底，中央及时出台 4 万亿元的刺激计划，刺激力度明显增加，这也使得地方政府融资力度加大。根据固定资产投资试行资本金制度，经营性固定资产投资必须落实资本金，资本金不足是基础设施建设面临的主要问题。特别是在该轮宏观调控中各地政府打造城市投融资平台，通过城投债发行中期票据或企业债补充资本金后通过银行信贷筹集资金，抑或资本金问题本身已经淡化，这样使得资本金对风险的防范及融资行为的制约作用失去效力，造成地方政府融资风险。由于政府项目配套贷款的增加，银行信贷投放激增，截至 2009 年 10 月，新增贷款约为 8.9 万亿元，城投债发行额再创新高。

从总体上来讲，两次危机的背景不一样，对我国经济影响力不同，中央财政的刺激力度也不一样。尽管上一轮调控中央财政刺激加大，但是地方政府融资规模有限，各融资平台发挥了正常的资金补充作用，融资风险并没凸显。一方面是上次金融危机对我国实体经济影响有限。亚洲金融危机只是区域性危机，尽管东南亚国家经济在危机中遭到重创，但是我国贸易顺差主要地如美国、欧洲的需求仍然强劲。而 2008 年的危机是全球性的危机，危机起源地在全球经济核心区域，对欧美地区出口锐减。另一方面，这两次危机的经济背景不一样。近年来，居民收入差距不断增加，房价上涨，医疗卫生方面的支出比重增加，从而挤占了个人需求，内需明显不足，经济增长更多依赖于出口带动。因此，地方政府保持经济增长的杀手锏就是多上项目，强化地方政府干预经济的能力。此外，房地产市场的迅猛发展助长了地方政府偿债能力的信心。上一轮危机中，政府投资对经济增长的贡献明显，强化了政府在经济中的权威地位，使一些地方政府产生了政府万能的幻觉，因此政府主导经济的旧体制复归思想不断萌发。同时，近年来，城镇化所带动的房地产膨胀式发展使地方政府看到了经营土地带来的巨大收益。

（2）融资平台迅速扩张。地方政府融资平台数量急剧增加。据银监会统计，截至 2009 年年底，地方政府建立了 8000 多家各种形式的融资平台，仅 2009 年就新增 2000 多家。从行政级次来看，初期都是省级政府设立平台公司，2008 年以后平台公司级次明显下移。目前，省、市、县融资平台占比数量大约为 2%、40%、58%。

地方政府融资平台公司举债规模迅速膨胀。地方政府融资平台的融资方式包括银行贷款、企业债券、中期票据和政府特定项目信托理财产品等，其中银行贷款是平台公司最主要的融资方式，占筹资总额的 80% 左右。2009 年年末，融资平台的贷款余额约为 7.38 万亿元，占全部人民币贷款余额的 18.5%。

地方政府融资平台的形式呈现多样化。从经营功能来看，地方政府融资平台可分为四类：一是“壳”公司融资平台，只负责融资，不参与项目建设和经营。二是“公益性”融资平台，负责无收益来源的公益性项目投融资运营。三是“经营性”融资平台，负责具有收益来源的经营性项目投融资运营。四是“综合类”融资平台，同时从事有巨大收益的公益性、经营性项目投融资运营。

3.3.3　地方政府融资平台运行特征

事实上，面对两次金融危机，我国财政政策走向均采用积极财政政策即具有明显政府投资拉动经济特征的刺激性财政政策。特别是 2008 年年末中央明确提出 4 万亿元投资计划，即用两年时间完成 4 万亿元投资以抵御金融危机对我国实体经济的冲击。这个重大举措是由于当时面临百年一遇的危机形势决定的，2008 年年末至 2009 年上半年我国外贸出口总额以每月 20% 以上的速度下滑，在当时国内消费需求很难启动的条件下，这个重大举措无疑具有重要的现实意义，也是经济保持平稳发展的“强心针”。在政策的操作上，中央财政拿出 18000 亿元，而其他部分需要地方政府配套解决，在这样的背景下，地方政府的融资需求被大大地增大了，而在政绩思想的刺激下各地方政府也摩拳擦掌，准备干出一番大事业。在这样的背景下，地方政府的融资风险意识淡薄，各地举债呈天文数字上升。

1. 地方政府融资平台具有隐性融资性质

从管理制度上看，中央与地方政府财政关系处于过渡式分权阶段，在1998年的金融危机中，宏观调控取得了较好效果，中央政府通过发行特别国债为地方政府注入了所需的资金，取得了较好效果。在经济刺激计划调控过程中大大强化了中央政府在调控中的宏观职能，强化了中央政府对调控资金的掌控。但经济宏观调控的职能在事权和财权之间的匹配不协调，从这个角度看，主要是重要调控事权下放，而调控的财权上收。更为重要的是地方政府举债制度创新停滞不前，因此，在这种状况下地方政府隐性融资具备了生存空间。

2. 地方政府融资平台发展迅速

2008年年底以来，地方政府融资平台的数量和融资规模飞速发展。据初步统计，当时全国有8000家以上的各级政府融资平台，其中70%以上为县区级平台公司。2008年年初，全国各级地方政府融资平台的负债总计1万多亿元，到2009年中，则迅速上升到5万亿元以上，其中绝大部分来自于银行贷款（巴曙松，2009）。这些平台公司无论是债务资金的使用、偿债资金的来源还是整体的财务状况，均隐藏着巨大的融资风险（表现为债务风险）。这些资金主要是用于满足地方政府资本性投资支出，如地方公益性基础设施建设。由于这些债务资金绝大部分以政府的安慰函作为担保形式，以财政收入及项目的运营收入（一些属于准公共产品的项目）作为还款来源。以西部某地级市为例，2009年年末，各级政府平台公司总负债为150亿元，近58%的资金投向公益项目，以财政收入为偿债资金来源及担保的债务占

65%左右，还本付息主要靠地方财政。该市县级投融资平台负债与财政收入比最低位 13.1%，最高位 148.8%。如果这些平台失败，这些债务资金就会演变成政府的负债，一定会由政府买单。

3. 地方政府融资平台经营性质造成债务风险积聚

从运行现状来看，我国投融资平台的主要资产形式是非流动性资产，可动用的、易变现资产不多，而短期流动负债规模较大，通常远远超过流动资产规模；主营业务的净利润通常为负值，企业盈利主要靠政府补助收入和资产处置收入；经营活动和投资性活动产生的现金净流量通常为负值，而筹资活动产生的现金流入主要靠借款。因此，按照一般企业标准，地方投融资平台的整体运营状况不理想，企业资金的循环不是依托企业的主营业务收入，而是依托政府补贴收入、资产处置收入和银行借款维持，这三者都不是可持续发展的资金资源。这种运营状况下，地方投融资平台的资金链不稳固，面临严重的融资风险（债务危机），可能直接转化为政府直接债务，财政风险积聚了起来。

3.3.4　地方政府融资平台存在的问题

以地方政府融资平台作为主要载体的地方政府融资制度在推动经济发展、促进政府履职的过程中发挥了重要的作用，但也是我国经济体制改革的产物，属于一种过渡性的制度安排，在政府职能完善过程中，特别是财政体制改革的推进以及政府与市场边界将来越来越清晰的过程中，可以预见地方政府融资平台所发挥的作用将受到限制。事实上，地方政府融资平台出现的问题越来越多，与之相伴的融资风险越来越大。

1. 隐性债务很难实行规范化管理

这类隐性债务不在财政收支中反映，因而脱离了财政体系的监督，中央政府无法得知地方政府举债的具体数额，无法监督、调节地方政府的举债行为。地方政府在资金缺乏下，举债欲望膨胀，因而不可避免出现举债紊乱的情况，使得地方政府债务成了一本糊涂账。首先，上级政府无法监督这类隐性债务。上级政府及财政部门对隐性债务基本情况缺乏了解。地方政府运用融资平台进行资金融通，融资金额及融资结构等相关信息往往只掌握在地方政府的手中。融资相关信息缺乏公开披露，只有相关当事人了解情况，然而由于融资平台众多，要完整了解相关信息绝不是容易的事。地方政府采用这种不规范的融资方式，缺乏有效监督，随意性大，资金使用效益不高，也容易滋生腐败问题（贾康，2002）。其次，在隐性融资下，地方政府往往缺乏具体、科学的融资计划。融资平台无异于是地方政府的提款机。政府的财政赤字，甚至是经常性赤字都由融资平台解决。在透明的、规范的融资制度下，政府每年都要制定详细的融资计划提请人大（或类似机构）审批，必须通报，负债情况如果没有通过则不能进行融资。而在隐性融资制度下，融资计划不规范甚至没有融资计划，仅仅凭相关负责人的一句话或者内部的协调会议就展开融资活动。因而，隐性融资相当不规范，具有很大程度的自发性和随意性。最后，由于缺乏具体规范的管理，地方政府融资平台之间的关系相当复杂，如同一级政府融资平台之间既有相互担保关系，还有出资关系，同时不同层级的地方政府融资平台之间也存在这种关系。相互注资逃避了金融监管机构的监管，造成管理上的混乱。例如，中西部地区的一个地级市，融资平台债务繁多，涉及30多个机构，各个融资平台与机构之间的关系复杂，融资平台间的三角债现象很普遍，该市2009年的财政收入为120亿元，而各类融资平台债务却高达200余亿元。此外，偿债管理不规范。在隐性负债下，地方政府融资行为短视，没有可持续观念。在缺乏监管机制情况下，地方政府往往借入大量资金，这些资金往往以10年以上的长期资金为主，因而对于本届政府而言无需还本仅仅支付利息即可，但是当债务不断积累，实际上为若干年后埋下了一颗定时炸弹。本届政府行政长官往往追求在任期间的政绩最大化，对以后出现的问题却没有兴趣关心。这样，本届政府的债务要由下届或者后几届政府偿还，而效果在本届政府体现，因而需子孙后代来还现在所欠的债务，这大大损害了代际公平。在具体管理制度上，没有偿债准备金制度等完善制度，在风险管理上并无风险预警机制，这样造成风险不断累积。

2. 债务形式多种多样，难以厘清

目前，我国地方政府债务情况相当复杂，表现形式多种多样，既有纳入地方政府预算的由政府全部承担支付责任的直接债务（如外国政府贷款、国际金融组织贷款、国债转贷资金、农业综合开发资金等），也有未纳入预算的由地方政府在特定条件下承担和履行的或有债务（如由地方政府担保的国际金融组织贷款、国内金融组织贷款、向单位和个人借款、粮食企业亏损挂账等）。近年来，各级地方政府巧立名目举债，手段花样不断翻新，债务形式更加多样化，仅按照财政部统一制定的债务统计项目就多达 18 种。我国地方政府债务的主要形式有 10 种：一是地方政府以自身的财政收入为担保向上级政府部门或国际机构直接贷款；二是地方政府以自己的财政收入为担保向银行、企业和私人借款；三是成立国有公司发行企业债，绕开《预算法》的规定，变相发行地方债；四是由地方政府或其职能部门为所属企业对外借款、融资或发行债券提供担保和变相担保；五是因征收不足或挪用资金等原因造成的社会保障资金缺口；六是国有企业亏损或破产；七是粮食企业政策性亏损挂账；八是拖欠中小学教职工工资；九是拖欠企业工程建设项目的工程款；十是下级政府的财力缺口。

3. 债务形成原因复杂

我国地方政府债务的形成与积累有着十分复杂的政治、经济和社会原因，有的是历史遗留问题显性化，有的是政府行为不规范所致，还有的是由债务管理体制因素造成的，因而是多重因素和矛盾综合作用的结果。首先，从财政体制角度来看，分税制财政体制改革不彻底，形成“财力向上集中”和“事权向下转移”的局面，庞大事权与有限财权之间高度不对称，迫使地方政府负债运营。其次，地方政府治理不善也是债务形成的重要原因，地方政府债务中的相当一部分是由地方政府的盲目投资和投资失误所致。有的地方政府不顾自己的财力和客观条件所限，不断地增加建设项目，扩张建设规模，用“寅吃卯粮”的手段搞“形象工程”和“政绩工程”，不仅进一步加重了地方政府的债务负担，而且造成了公共资源的极大浪费。最后，在债务管理方面，由于中央政府和地方政府均缺乏统一的地方债务管理机构和科学的管理办法，缺乏一套科学规范的信息披露和监督机制，致使各级地方政府和地方政府部门举债欲望不断膨胀，举债形式不断翻新，债务规模越来越大。

4. 偿债能力低，逾期率高

很多地方政府都超财力举债，债务已是其财力的两三倍。但是，举债兴办、扶持的国有企业效益普遍低下，呆账、死账多，回收难度大，因而地方政府的偿债能力较低，逾期率较高，出现了债务逾期无力偿还、以贷还贷、以贷还息、拖欠工程款等现象，有的则干脆当起了“老赖”。例如，广东省翁源县政府承担了省道官渡至龙仙段的改造任务，公路的改造任务完成后，翁源县政府却没有按合同约定给付农民工工资400多万元。法院判决后，翁源县领导却两次到上级法院请求延期执行。金华市中级人民法院在当地媒体上发布执行公告说，虽已经判决执行，但湖南省公安厅269万余元债务仍然不还。河南省几批拖欠工程款的政府性投资项目建设单位被曝光，在这些政府投资项目中，工程款拖欠时间短的有3年，长的有14年；工程款拖欠数额小的有64万元，大的有3000万元。当事人河北省承德市的郝某因政府欠债不还至今已有 8 年时间，曾多次向法院申请执行，但均执行不了，无奈之下，当事人到承德市双桥区人民政府前，公开拍卖判决书，“谁能从区政府要回钱，我的判决书半价卖给谁”。

5. 债务的风险预警和控制机制空缺

为了克服中央政府为地方政府提供隐性担保而产生道德风险——地方政府通过过度举债享受债务短期收益而未来债务成本由中央政府承担，西方发达国家中央政府都制定了地方政府债务风险预警机制，对地方政府债务进行监控。如果哪个地方政府可能出现债务风险，便及早采取措施进行防范、控制和化解。目前，我国地方政府债务形式多种多样，隐蔽性强，透明度低，对于地方政府的负债项目缺乏统一的统计口径和统计数据，不仅负债的真实规模无法准确统计，而且负债率、债务率和偿债率等监控指标也无法运用，地方政府债务风险预警机制无法建立，这大大削弱了中央政府对地方政府债务风险的监控，使地方政府债务管理在某种意义上处于无政府状态。

3.4　地方政府融资制度创新

2008 年美国次贷危机后，我国经济已步入“潜在增长率”下降而发展制约因素凸显的新阶段，单纯依靠需求拉动经济已难以为继，必须依靠供给端发力，解决经济体制中的结构性问题。随着供给侧结构性改革的推进，地方政府的行为模式也即将发生改变，可以预见地方政府作为直接投资者拉动需求的模式会调整，必须从单一依靠政府行为、直接参与投资、强势要求金融系统供血的投融资模式转移到通过制度完善、依靠良好的制度环境、利用财政资金可持续机制、吸引民间资本跟进的发展模式上。

3.4.1 地方政府融资制度创新的动力

传统政府融资平台模式融资风险近年来已开始显现，特别是这种风险大部分以隐形的形式存在，造成地方政府还款压力不断增大。这种隐形的融资方式难以为继。目前，中央政府加强了对地方政府债务的管理，限制了城投债的发行，对存量到期的地方债进行了置换，缓解了地方政府债务风险的爆发。随着经济进入新常态阶段，经济增速放缓，商业银行在传统理念下出于控制风险的需要，仍然把地方政府贷款当成低风险的资产配置渠道，因而大量信贷资金流入地方政府控制的政府融资平台。另外，面临地方政府债务的压力以及中央政府对地方政府融资的限制，地方政府融资制度必须创新。制度经济学认为制度的创新是由制度供给与需求促成的。实际上，近年来金融市场环境的不断完善，流动性不断充足，为地方政府融资提供了基础条件。我们把地方政府融资的金融市场环境也纳入到思考的逻辑中。这样，地方政府制度创新的动力来源于中央政府的制度供给、地方政府的制度需求以及金融市场不断完善。

1. 制度供给层面：中央政府

我国是中央政府集权国家，中央政府是地方政府最终信用的承担者，也是最后的兜底者，不会放任地方政府融资风险不断加大。事实上，中央政府连续发文规范地方政府举债，禁止地方政府通过企业举债，剥离政府融资平台的融资职能。基于此，中央政府需要对地方政府融资进行约束，控制风险。目前的现实是，难以完全理顺中央与地方政府之间的财权事权匹配关系，地方政府融资必将长期存在，而且地方政府债券无论规模以及规范性都难以替代融资平台融资方式。2015 年我国经济增长速度已经回落到 6.9%，创近 20 年来新低。出口不断下降，拉动经济效果明显减弱，居民消费短时间内难以升级启动。中央政府不得不考虑投资拉动经济，随着投资效率的下降，地方政府需要大量的资金投入，融资缺口不断加大。

在控制融资风险、不增加地方政府债务的情况下，中央政府鼓励地方政府融资创新，比如在新兴战略产业、养老产业发行债券融资，鼓励发行项目收益债券，并进行地方政府项目资产证券化尝试，鼓励 PPP 项目融资方式吸纳社会资金。

2. 制度需求层面：地方政府

地方政府支出压力加大，需要创新融资方式。随着经济增长放缓，地方政府财政收入下降，经济下行周期内公共债务加快扩张也是普遍规律，结合城镇化等各方面政策走向，可以预期今后几年地方政府潜在投资规模及相应的融资需求仍将继续扩大，如刺激经济支出加大，公共服务、民生支出、环境保护支出等方面也不断增长。2014 年 10 月，国务院 43 号文对地方政府债务进行了切割，政府融资平台作为企业融资功能被剥离。除财政资金来源、土地出让金、银行贷款、债券融资等渠道外，依靠政府融资平台融资渠道已难以发挥更大作用，因此对政府资金来源进行创新拓宽成为地方政府的必然选择。

3. 金融市场层面

目前我国金融市场快速发展，形成了多层次的金融市场，有种类齐全的货币市场、交易活跃的资本市场，资本市场的广度及深度不断拓展，市场有效性不断提高，交易产品不断丰富。截至 2016 年 8 月我国债券市场市值总额为 43 万亿元，可流通本币债券为 39.5 万亿元，其中政府债券为 20.29 万亿元。参与交易主体多元化，包括商业银行、保险公司、基金公司、私人投资者以及境外投资者等。交易品种多种多样，包括国债、地方政府债、央行票据、金融债、短期融资融券、企业债、公司债、中期票据、资产支持债券、可转债、分离交易可转债券等 11 个品种。除城投债外，我国地方政府已可以真正发行地方政府债券，可分为专项债券和一般责任债券，经过几年试点发行，我国地方政府债券发行不断增长，地方政府债券托管量为9.36万亿元。资产支持类证券（ABS）市场余额总计为9069亿元，仅基础设施收费类债券就为724亿元。

金融市场的发展为地方政府融资创新提供了空间，实际上地方政府融资创新工具不断涌现，比如委托贷款、理财产品、信托贷款等影子银行工具，融资风险较大。

3.4.2 地方政府融资制度创新的思路

融资制度创新是经济制度演进过程中的一种新的均衡，也是一种融资的帕累托改进。目前，以地方政府融资平台为载体的地方融资本身是财政体制转变中的创新，是《预算法》中规定地方政府不能融资的权宜之计。这种创新以隐形债务的形式进行融资，本质上看，造成市场风险过度向财政风险转变，结果财政风险加大。本书认为融资制度创新至少要解决四个问题。其一，是地方政府融资风险的控制问题。风险控制及管理是地方政府融资得以运行的核心条件，不规范的地方政府融资最直接的表现形式就是融资风险。我国目前地方政府融资风险已经凸显。实际上，基础设施建设支出在地方政府支出中所占比重最大，这部分支出提供了准公共产品，可以采用项目融资的方式进行。如果把政府作为资本市场一般意义的融资主体的话，那么利用市场机制可以分担掉市场其他主体本应承担的风险，避免市场风险转化为财政风险。本书认为地方政府融资风险分担机制是地方政府融资中的风险管理与控制最核心的内容。其二，如何匹配地方政府事权和财权。从地方政府融资制度的演变来看，地方政府融资行为的目标是解决地方政府财权和事权的不匹配。一级政府，一级事权，一级财权，是国际上通行的做法。在规范地方政府融资制度、引入“阳光化”融资来解决地方政府财力压力的同时，需要通盘考虑推进财政体制的改革，进一步下放财权，比如地方政府税收权；确立地方各级政府的主要收入来源，并保持其稳定性。其三，地方政府融资如何可持续发展。在引入地方政府融资制度后，需要考虑地方政府融资可持续发展，一方面要加强制度的落实及上级部门的监管，另一方面要引入市场的约束力量，实现市场化融资，以提高市场的有效性，尽量避免行政的直接干预。必要时，要引入地方政府债务惩罚机制，比如行政首长问责制，甚至破产制度。使地方政府融资决策者清醒地认识到通过融资创造政绩时，也有被问责的风险，从而避免逆向激励。其四，如何完善地方政府债务管理制度。对于地方政府债务要实现分类管理，对直接债务、或有债务、显性债务、隐性债务采用不同的管理方法。在风险管理协调的基础上，建立风险管理体制，如风险预警体制等。

综上所述，本书认为地方政府融资制度创新的核心在于对融资风险的控制和管理，而风险分担是市场化融资的核心。在规范融资的基础上逐步推进财政体制改革，明确地方政府的稳定收入来源，确保地方政府融资的可持续发展。

3.5 小　　结

本章从制度演进的角度梳理地方政府融资制度的发展与具体运行。分析了地方政府融资制度演变的影响因素与演变过程。在这个背景下回顾了地方政府融资的主要方式——地方政府融资平台的发展，深入探讨了存在的问题，从而揭示了地方政府融资制度创新的必要性。

地方政府融资制度演变是我国地方政府融资制度创新、是国民经济发展过程中地方政府利益与社会整体利益协调的结果，资金需求矛盾是具体推动因素，同时也是经济制度演进在财政体制层面的一种折射结果。

财政体制的变迁受到诸多因素的影响，我们可以把相关的因素分为两类：内部因素和外部因素。从政府职能转变来看，政府由经济资源的控制者逐渐转变为经济活动秩序的维护者，政府不再直接干预企业生产；从参与方式来看，政府直接参与经济的行政手段逐渐演变为以间接方式为主要手段的宏观调控手段；从资源配置来看，政府依赖市场手段引导人、财、物等资源的流向，形成一定的经济区域结构和产业结构，重点在于提高资源的利用效率，优化资源利用结构；从政府参与的经济领域来看，政府直接参与经济的领域不断收缩，由盈利性行业到非盈利性的公用行业，由普通消费品生产到基础设施建设领域。总体来看，价格机制等市场机制在资源配置中产生巨大的作用，企业和居民被赋予了经济活动中的经营权、决策权，政府、企业、居民成为市场经济中独立的参与主体。这样，由于地方政府作为独立的经济参与主体，政府融资逻辑上的合理性得到保障。

从财政体制层面看，中央与地方政府财政关系处于过渡式分权阶段，在 1998 年的金融危机中，宏观调控取得了较好效果，中央政府通过发行特别国债，为地方政府注入了所需的资金，取得了较好效果。上轮调控过程中，大大强化了中央政府在调控中的宏观职能，强化了中央政府对调控资金的掌控。但经济宏观调控的职能在事权和财权之间的匹配不协调，从这个角度看，主要是重要调控事权的下放，而调控财权的上收。更为重要的是地方政府举债制度停滞不前，因此，在这种状况下地方政府隐性融资具备了生存空间。

金融市场的发展为地方政府融资提供了重要的现实基础。商业银行体系已经建立，国有银行成为独立经营、自负盈亏的企业实体，以银行信贷为核心的间接融资方式成为社会资金来源的主要的渠道。随着沪深交易所的组建，金融市场交易产品不断丰富，证券市场在直接融资中发挥了重要作用。同时，金融市场中介组织如证券公司、信托机构、评级、担保机构等为企业融资提供了全方位的服务。

在这些内外因素的影响下，地方政府资金紧张问题越来越严重。我国地方政府融资制度尽管并未建立明晰的框架，但是出现了制度演变的动力与创新需求。以分税制和 2009 年中央代发地方债券为标志，本书把地方政府融资制度的演进过程分为三个阶段。在这样的制度架构下，制度的运行体现为地方政府融资平台的发展。与之相对应，地方政府融资平台的发展分为四个阶段。特别是 2008 年年底以来，地方政府融资平台的数量和融资规模飞速发展。这些平台公司无论是债务资金的使用、偿债资金的来源还是整体的财务状况，均隐藏着巨大的融资风险（表现为债务风险）。地方平台债务表现为隐性债务脱离了财政体系的监督，不可避免地出现举债紊乱的情况。

地方政府融资平台出现的问题是制度演变不彻底及缺乏创新产生的新问题，地方政府融资制度迫切需要创新。本书认为地方政府融资制度“阳光化”是必然目标，如何加强地方政府融资中产生的风险控制是融资制度演变的核心。

第4章

我国地方政府融资风险形成的机理

地方政府债务风险是融资风险的直接载体，是政府融资行为失控产生的具体结果。实际上，融资风险是债务风险更广泛意义上的阐释。融资风险在概念内涵上不仅直接体现为债务风险，而且涵盖债务风险的进一步演变及更深层次的发展。一般来看，地方政府债务风险可以转化为金融风险、财政风险以及公共风险。因而，本书从债务风险的形成及转化角度探讨地方政府融资风险形成的机理。

4.1 地方政府债务风险的成因

地方政府债务风险是地方政府融资缺乏规范性，大量隐性债务存在导致地方政府融资失控的局面。地方政府债务风险形成的原因是多种多样的。

4.1.1 制度层面因素

1. 隐性融资制度导致融资不规范

在积极财政政策的实施中，地方政府需要大量的资金，在中央政府的默许下运用地方政府融资平台大量融资，出现了地方政府融资的“狂欢节”。各地方政府纷纷融资进行大规模基础设施建设，导致地方政府融资平台的数量和融资规模呈现飞速发展的趋势。商业银行大量资金流向地方政府融资平台，仅2009年上半年的信贷投放就高达7.37万亿元。据统计，2009年全国9.59万亿元的新增贷款中，投向地方政府融资平台的贷款占比高达40%，总量近3.8万亿元。很显然，银行向这些平台的放贷虽然归入“企业贷款”，但由于地方财政或政府信用变相担保等各种体制性原因，实质性上已经构成地方政府的隐性负债及或有负债，导致地方政府的债务风险加剧，同时也对银行业的经营风险形成显著的潜在压力，未来极有可能传递成为金融风险和财政风险。

2. 财政体制原因

中央政府对地方融资预算的软约束是造成这种局面的一个重要原因。目前法律明确规定地方政府不能在账面上出现债务。1995年开始实施的《中华人民共和国预算法》规定：“地方各级预算按照量入为出，收支平衡的原则编制，不列赤字。除法律和国务院另有规定外，地方政府不得发行地方政府债”，在现有法律规定下，地方政府阳光化融资存在制度障碍。中央政府的初衷在于严格管理地方政府负债，避免出现地方政府举债紊乱的现象。在近年地方政府事权大幅增加、资金缺乏矛盾突出情况下，这种制度性的规定反而出现了适得其反的结果，最直接的影响就是形成了中央对地方预算的软约束。

尽管地方政府的债务在账面上没有表现出来，但是这并不是说地方政府就没有债务了。事实上，1998年亚洲金融危机后，为了加大地方政府基础设施投入，中央政府连续几年发行特别国债，这些国债由中央转借给地方，由地方进行还本付息。2001年中央代地方发行国债400亿元，2002年预算国债发行5929亿元，其中包括代地方政府发行的250亿元，这些国债转贷资金有力支持了地方基础设施建设，也是现行制度下地方政府融资障碍的变通。另外，不少地方以各种形式变相发行公债，其中不少是通过融资平台获得资金的融通，从而形成了政府的或有债务（贾康，2002）。

3. 政府投融资体制改革滞后

在我国经济体制转轨中，原有的计划经济体制下的政府投融资体制已经打破，新的适应市场经济的政府投融资体制还未建立。这种新旧交替的政府投融资体制必然存在许多漏洞和缺陷，主要表现在：一是政府投资范围过宽，不仅涵盖公共产品领域，而且涵盖部分竞争性领域。在竞争性领域，由于国有经济固有弊端，无法和民营、外资企业竞争，政府投资建成的国有企业大批亏损破产。二是政府投资缺乏整体规划和科学论证，形成许多无效工程、“胡子”工程和“首长”工程。三是政府多部门融资，分散管理，融资的决策主体、偿还主体、投资失误责任主体不明确。四是偿债意识淡薄，偿债责任难以落实。由于政府投融资体制的上述缺陷，形成了相当一批无效投资，项目收益根本无法还款，还款责任最终转嫁给地方政府，形成巨额的政府债务。

4. 行政体制因素

中央政府对地方政府的考核内容中，经济发展无疑占有重要的分量，地方政府也倾向于唯GDP论，因而把经济发展好搞上去是地方政府行政领导考虑的首要问题，加大政府投资在财政刺激政策中能够产生立竿见影的效果。在预算软约束下，地方政府具有强烈的投资冲动与投资饥渴。尽管经济新常态下，中央政府加强结构性经济体制改革，把经济增长注重量转移到更注重质上。然而很难出台对地方政府经济增长质量可行的、有效的考核体系，在传统观念下，地方政府仍然偏重经济增长数量。由于财政体制原因，目前中央政府对地方债务约束仍然偏宽松，特别是在政绩考核中，政府债务相关内容的考核尚属空白。由于债务到期时间比较长，还债的任务将由下届政府承担，而经济增长的红利却由本届政府享有。这样助长了地方政府的逆向选择行为，加杠杆举债成为地方政府的必然选择。以武汉市为例，全市在基础设施上的支出与英国全国的支出相等，五年内的支出为近 2 万亿元人民币，截至 2012 年 6 月 30 日，武汉债务余额达 2037.05 亿元，负债率相当于国际通行标准的 1.36 倍，政府两年内每天需偿债 1 亿元。

自 2008 年以来，我国各地掀起了兴建城市轨道交通的热潮，二线城市规划如火如荼，甚至三线城市也在规划。实际上城市轨道交通是高消费的城市建设，每公里投入近 5 亿元，建成后的维护成本也很高，很难盈利，都是政府财政资金投入弥补亏损，并非每个城市都能负担。预计未来我国将有 229 个城市发展轨道交通，2050 年规划的线路将增加到 289 条，总里程数达到 11700 公里，城市轨道交通建设成了地方政府与资本的“阳谋”。

4.1.2　宏观经济背景因素

受世界金融风暴的影响，为了刺激中国经济增长拉动内需，巨额的经济刺激计划要求地方政府通过扩张公共支出来拉动投资与消费需求，各地方政府为刺激经济增长，纷纷开展大规模投资，铁路、公路、机场等基础设施陆续上马。例如，陕西省曾在 40 天内开工了 9 条高速公路，河北省立项了 30 多条高速公路，湖南省规划建 8 条高速公路，东部某省计划投入数百亿元修机场等等。在这种情况下，地方政府为经济刺激计划的实施提供财力支持的难度在不断加大，并成为前一阶段某些地区与部分项目的地方配套资金到位率较低的主要原因之一。巨额的投资计划需要大量的政府资金的投入，然而从收入方面看，自 2008 年下半年以来，受国际金融危机和国内经济周期的双重影响，地方税收收入增幅趋于下降，而作为地方主要财力支柱的土地出让收入更是急剧下滑，据国土资源部统计，2008 年全国土地出让总收入为 9600 多亿元人民币，比 2007 年的 1.3 万亿元大幅减少了 26%；另外，中央财政转移支付也因为中央本级收入增长减缓而出现困难。中央投资配套资金及扩大本级政府投资所需资金难以通过经常性收入安排，发行地方债券就成为必然的选择。

4.1.3 管理因素

首先，由于中央政府和地方政府均缺乏统一的地方债务管理机构和科学的管理办法，缺乏一套科学规范的信息披露和监督机制，地方政府债务管理体制条块分割、各自为政，难以对债务风险进行有效的量化管理。其次，缺少相应的偿还机制和决策失误的责任机制。如此，催生了地方干部扭曲的负债观，即借债不怕还钱、自己借别人还、不还钱还能借到钱的错误逻辑，进一步助长了地方政府的盲目举债。再次，地方政府缺乏举借债务的整体规划和科学论证，使债务风险加大。特别是仍有相当多的政府债务融资项目是竞争性领域的低水平重复建设，致使无效工程、“形象”工程时有出现。地方行政领导往往注重政绩，很少顾及债务结构和实际偿债能力，导致债务融资规模远远超过地方政府财力的实际承受能力。最后，对地方政府非法融资的处罚力度偏小，不足以控制债务风险。这致使各级地方政府和地方政府部门举债欲望不断膨胀，举债形式不断翻新，债务规模越来越大。

4.1.4 市场机制层面

由于地方政府同其他微观主体相比具有特殊的强势地位，银行信贷约束很难发挥作用。2006 年以来，经济运行中的货币投放量迅猛增加，流动性过剩突出，商业银行资金出现了较多的过剩资金。金融危机以来，实体经济受到冲击，投资者信心不足，在刚开始阶段国民经济总体上出现了下滑趋势，一方面，商业银行为了防范风险，加强对实体性行业贷款的风险控制，特别是对中小企业"惜贷"。商业银行出现了大量的资金剩余，贷款压力增大，资金持有的成本增加。另一方面，政府项目投资出现了巨大的资金需求，很难通过其他方式获得，因而政府出面担保由融资平台向商业银行借入资金。由于政府出面出具保函，所需资金量大，而信贷员也可以持有政府保函来逃避资金的信贷责任。在他们看来，政府的担保是有效的，因为在金融危机下政府具有超强势地位，其信用天然优于其他经济组织。这样，银行的信贷程序、审贷分离及风险控制机制很难发挥作用，普遍缺乏约束力。

此外，地方政府同一般经济主体相比具有超强势的地位，尽管《担保法》明确规定，国家机关不能作为保证人，但是并未规定国家机关作为保证人应承担何种责任，因而不具有约束力。在地方政府超强势地位下，并不能对地方政府形成有效约束。同时，对于债权人而言，地方政府举债是为了发展地方经济，政府无法摆脱还债责任，因而，债权人并无后顾之忧。

4.2　地方融资风险与金融风险的转化

4.2.1　政府融资风险本质上是一种信用风险

地方政府依靠政府信用向商业银行贷款或向公众发行债券，到期还本付息。因而，地方政府融资也是建立在信用关系上的。由此可见，政府融资风险折射在微观层面对于投资者主体而言可能产生拖欠债务问题，实际上就是一种违约引起的信用风险，即是微观层面的金融风险。如果地方债务危机蔓延到整个金融领域，成为系统性的风险就产生了宏观金融风险，这种风险不能由私人来承担，实际上是公共风险。

信用风险是指债务人不能按期履行债务而拖欠应该偿付债务的风险。信用风险是借款人因各种原因未能及时、足额偿还债务或银行贷款而违约的可能性，违约风险是最主要的信用风险。发生违约时，债权人或银行必将因为未能得到预期的收益而承担财务上的损失。由于信用关系在经济领域的普遍性，信用风险是广泛存在的。如果把金融行为纳入信用关系中考察，把金融风险纳入到信用风险中分析，显然，信用风险是金融风险爆发的直接因素。

金融的本质是建立在信用关系基础上的资金使用权转让关系。这种关系是以还本付息为特点的。也就是说，还本付息是金融关系存在的前提条件，如果不能还本或者付息，那么这种关系就不可能发展。按照导致这种风险产生的直接原因，可以把金融风险分为很多种类，如信用风险、流动性风险、利率风险等。此外，根据风险是否可以规避，风险可以分为系统性风险和非系统性风险。广泛意义的金融风险是信用链条的可能断裂而导致投资者收入不确定性及由此引起的连锁反应。因而，从这个意义上讲地方政府债务风险也可以转化为金融风险。

4.2.2 债务风险与金融风险的转化机制

地方政府债务风险归根到底是一种违约风险，即债务到期以后不能归还本金及利息引起的政府信用降低，难以进一步获取资金或者将面临债务法相关惩罚的风险。由于地方政府资金大部分来自于银行，政府资金不能归还，导致商业银行流动性紧缩，甚至引起商业银行流动性风险，最终导致金融风险的爆发。

1. 债务风险产生的根源

（1）地方政府收入的不稳性。地方政府债务的偿还是建立在地方政府或者建设项目收益按照融资时的预期稳定的情况下，但是，地方政府或者其项目收益受到很多因素的影响，主要有以下影响因素：

财政体制。我国的财政体制仍不完善。例如，在某种程度上，地方基础设施建设投融资行业正是由于我国财政体制不完善，中央与地方政府之间的“财权”与“事权”不相匹配的产物。未来中央与地方、地方各级政府间财政收入和支出的划分方法、转移支付政策等会有调整，将对地方政府的收支状况产生明显影响。

宏观经济形势。经济形势的变化对地方财政收入有重要影响，经济衰退时期财政收入减少，同时为了刺激经济而采取的减税、扩大政府投资等措施将使财政收支平衡面临很大压力。

土地收益的不确定性。土地出让收益是目前地方财政收入的重要来源，也是地方政府进行基础设施建设的主要资金来源，除了国家土地政策未来可能出现变化，土地收益本身就具有不稳定性，土地市场的低迷和价格的下跌将使地方财政收入出现明显减少。

地方政府融资平台从事的主要业务包括基础设施建设、公用事业运营和与基础设施相关的资产运营和管理。基础设施建设的公益性很强一般没有收入，公用事业有一定的盈利能力，但各地的情况差异较大。政府补贴收入作为平台公司重要的收入和利润来源，但是政府给予补贴的原因和机制不同，因而这项收入也不稳定。

（2）支出的不确定性。在地方政府收入一定的情况下，政府支出的不确定性也会导致债务风险的产生，主要有以下因素：

地方政府大量举债导致支出大量增加。为进行基础设施建设，近年来地方政府债务大量增加，若这些建设项目脱离地方经济社会发展的实际需要和地方财政的承受能力，将成为未来爆发地方政府信用危机的重要原因。

我国地方政府债务很不透明导致地方政府债务负担支出的不确定性。目前地方债务为隐性债务，没有完善的债务管理和预警机制，政府债务负担是否超出财政的承受能力，不但投资者难以识别，地方政府自身也难以进行有效控制，是地方政府信用出现危机的重要原因之一。

政府支出负担增加。瓦格纳定律告诉我们，随着经济的发展，地方政府的负担也不断增加，比如人口老龄化造成的社会保障支出增加等，自然灾害等突发事件也使财政负担存在突然加大的可能性，这些都将增加财政支出规模，从而影响政府债务的偿还。于是，政府收入一旦难以满足债务支出，而且政府难以再继续获得资金支持时，债务风险就会转变为债务危机。例如，美国橙县 1989 年由于大量举债，造成政府资不抵债，最后地方政府不得不宣布破产。2008 年金融危机爆发后，欧洲国家爆发了欧洲主权债务危机，这是政府债务危机的典型例子。

2. 金融风险的层次划分

金融风险可以分为三个层次：宏观金融风险、中观金融风险和微观金融风险。所谓宏观金融风险是指整个金融业面临或存在的全局性的系统性风险，表现为各种金融制度或金融活动对整个国民经济带来的冲击而产生的不确定结果。例如，金融机构大面积支付危机、外资大量外逃、货币大幅度贬值、外汇储备急剧减少、发生内外债偿还危机、汇率急剧波动等，至少可以分为三种类型：①制度风险，即一个国家实行不适当的金融体制、汇率制度或货币政策而产生的风险。②外债风险，即一个国家无力偿还外债所产生的风险。③国家风险，即外国机构投资者对一个国家发起投机性金融攻击而产生的风险。

微观金融风险主要表现为金融企业经营的不确定性、信用等级下降、金融企业大肆投机出现巨额亏损等。微观金融风险主要包括下述基本类型：信用风险，指由于信用活动中存在不确定性而导致债权人遭受损失的可能性。这是金融业所面临的一个主要问题，而且是银行业最大的风险来源。汇率风险，即由于汇率波动可能给市场主体造成损失的可能性。市场风险（利率风险），是指由于市场价格（利率水平）波动，导致行为人遭受损失的可能性。流动性风险，是指经济实体因资产变现能力出现问题，不足以支付流动性而造成损失的可能性。金融机构经营风险，指金融机构在经营管理过程中的因素影响导致经济主体遭受损失的可能性。一般情况下包括决策风险、财务风险、操作风险和道德风险等。所谓中观金融风险是指行业或者某一特定领域存在的风险。

宏观金融风险往往由中观和微观金融风险引起，而一些微观金融风险有时也会受到中观金融风险与宏观金融风险的影响。所以，在考察金融风险时，常常需要把三个层次结合起来去考察。

3. 债务风险转化为金融风险

如前所述，地方政府由于收入的不稳定性和支出的不确定性，当政府收入难以支付债务时就会产生地方政府债务危机，进一步会演化为金融风险。本书以地方项目建设贷款为例分析债务危机转化为金融危机。项目收益低于预期产生微观金融风险。如果地方政府项目建设收益减少，或者受到不可预知因素影响时，用于支付债务的资金减少。这时如果项目担保人地方政府支付困难，或者补贴不到位，那么项目投资者会产生微观金融风险。随着项目违约的扩大，受到影响的投资者越多，金融机构出现亏损，微观金融风险加剧。

当微观金融风险进一步加强，则会产生中观金融风险。由于商业银行大量贷款到期，地方政府无法还清银行欠款，银行业亏损加剧。当风险传导到整个银行行业时，就产生了中观金融危机。由此银行出现大量坏账，银行流动性趋紧。当商业银行出现流动性风险时，很容易出现宏观金融风险。如果商业银行发生挤兑而无法解决，那么整个经济充满紧张气氛，这种气氛进一步传导到实体行业领域，各个行为主体根据这种现状做出理性预期，并且调整自己的行为，比如减少银行作为支付中介的交易行为，囤积货币。这样，一些行为影响到市场机制的发挥，最终造成经济运转出现问题，这样宏观层面的金融危机就爆发了。地方债务风险转化为金融风险机制可以用图 4－1 表示。

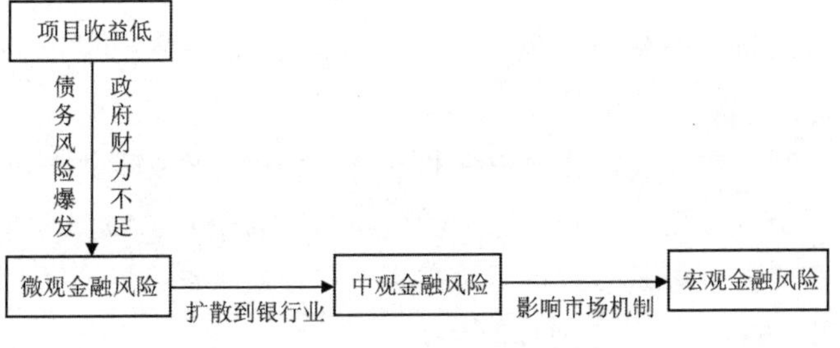

图 4－1　债务危机与金融风险转化机制

宏观金融风险还表现为主权债务的增加，当一个国家无力偿还主权债务时就会引发宏观金融风险。比如 2009 年以来的欧洲债务危机，冰岛、希腊等国债务比重过高，政府无力偿还外债，因而国家面临破产的境地，表现出来也是一种宏观金融风险。

此外，地方政府融资行为本身也可以引起金融风险，这种风险主要体现为金融调控风险。在地方政府大规模融资情况下，银行信贷资金增长迅速，造成货币投放过多，引起流动性过剩，可能带来资产或者原材料价格的上涨，造成通货膨胀。2009 年 1 至 6 月，我国货币信贷资金已经达到 2008 年全年的投放量，信贷货币量以每月 20% 的速度迅速增加，因而，地方政府的大规模融资倒逼货币发行造成经济运行不稳定。

4.3　地方融资风险与财政风险的转化机制

4.3.1　财政风险定义及分类

1. 地方财政风险定义

国内最早明确提出财政风险概念的是 1996 年财政部撰写的《国家财政困难与风险问题及振兴财政的对策研究》报告，该报告认为财政风险“是指在财政发展过程中由于某些经济社会因素影响，给财政运行造成波动和混乱的可能性，集中表现为巨额财政赤字和债务危机”。这个定义概括了导致财政风险的两个核心因素，即经济因素和社会因素，并把财政风险的现实表现表述为“财政赤字和债务危机”。其后很多研究者关于财政风险的论述基本上没有偏离这个定义的内涵。具体来看，流行的定义主要有两种：一种提法是，一般而言，所谓财政风险是指政府不适当的财政活动或财政行为（作为事件）给政府本身，给政府进一步的财政活动以及给社会经济带来的各种潜在危害的可能性。另一种提法是，“财政风险是专指财政领域中因各种不确定因素的综合影响而导致财政资金遭受损失和财政运行遭到破坏的可能性。”这两种定义方法均具有合理性，前一种定义假设了是行为主体的不合理性造成的；后一种定义假设了行为主体的合理性，而是由于环境的复杂性造成的。实际综合两种定义便可以对财政风险做出准确理解，前一种定义偏向于内生性财政风险，后一种偏向于外生性财政风险。

根据以上定义，我们可以对地方财政风险给出定义，所谓地方财政风险是指在种种不确定因素影响下，地方财政资金遭受损失或财政支出出现困难，甚至危及地方政权正常运转及其职能行使的可能性。地方财政风险具有诱发空间广、传导性快、隐蔽性强、危害性大等特点。

2. 财政风险分类

通常可以把财政风险划分为两个大类：内生性财政风险和外生性财政风险。所谓内生性财政风险是指由于财政运行中的内部因素导致的财政资金损失的可能性，内生性财政风险具有理论意义上的风险属性。内生性财政风险是源于财政系统内部各种不利因素引发的风险，该风险导致财政资源浪费或效率下降。这些因素主要包括：（1）政府职能界定不清导致政府与市场关系不协调。（2）财政立法滞后且有关法规制定不尽合理。（3）财政管理制度与专项管理制度不健全。（4）缺乏必要的公共决策过程。（5）事前、事后财政监督不力。（6）政府官员道德问题和职业技术问题。相比之下，内生性财政风险比较容易化解，而外生性财政风险更难于控制。

外生性财政风险是指源于财政系统外部各种不利因素引发的风险，如经济运行因素、政治因素、自然因素、技术因素等导致的财政资源浪费或效率下降的风险。外生性财政风险是由于运行环境中的因素导致财政风险的产生。外生性财政风险实际上属于财政活动过程中的不确定性。实际上我们探讨的地方债务引起的财政风险就是外生性风险。

4.3.2 地方政府债务风险与财政风险的转化机制

从概念上来看，地方财政风险内涵涵盖了地方政府债务风险。因为债务风险表现出来就是地方政府拖欠债务，出现资金流动性不足情况，从而导致财政资金困难情况。从这个角度出发，地方债务风险可以直接引发财政风险。一般路径是，地方债务过重，从而地方政府还本付息压力大，地方政府的资金紧张，出现财政支出困难而引发的财政风险。因此，这个视角主要是从支出方面探讨财政风险形成的。此外，收入的不稳定性也可能造成地方财政风险。

风险分担机制不完善造成的财政风险。在市场风险分担机制不完善情况下，市场主体之间的关系未理清，市场风险往往向财政转移。由于债务的隐形性质，地方政府被动负债严重，特别是在政府出具相关担保函的情况下，财政兜底功能显现，这样造成了财政支出压力，形成了财政风险。

在金融风险发生的情况下，地方政府本着从全局利益出发不得不为坏账买单。如果商业银行呆账过高，不利于商业银行的稳健运行，商业银行经营风险凸显，这样，政府往往会为商业银行坏账买单。比如，由于农村合作基金会缺乏监管，经营上粗狂，成为乡镇政府的金库，扰乱了金融运行，同时坏账不断增加。1998 年国务院作出清理农村合作基金会的决定，当时发生了挤兑问题，地方财政对于亏损严重的基金会投入财政资金以保障农民储户的本金得以收回。

此外，政府的财政压力造成公共风险，财政兜底功能强化。当地方政府财政支出压力不断增大时，会危及地方政府职能的履行，甚至会出现突发公共事件。比如某地政府拖欠工程款，导致债权人围堵交通要道，造成地方经济损失。这些损失都需要地方政府兜底。因而由债务风险转化为公共风险，然后由公共风险造成财政支出的压力，也是财政风险转化的路径之一。

4.4　小　　结

地方政府债务风险是地方政府融资缺乏规范性，大量隐性债务存在导致地方政府融资失控的局面。地方政府债务风险形成的原因是多种多样的。制度层面的因素主要有隐形融资缺乏规范性，财政体制方面财权与事权的不匹配，政府投融资决策缺乏科学性，形成巨额政府债务；从宏观经济背景层面看，财政收入下滑，财政支出压力加大导致收支缺口增大加剧了债务风险；从管理方面看，缺乏统一地方政府债务管理机构及管理制度，对地方政府融资违规的处罚不严，地方政府项目管理方面缺乏整体规划，投资效率下降，项目重复建设，资金使用率低，加大了债务风险控制力度；此外，地方政府的超强势地位使得风险控制的市场机制难以发挥作用，政府往往通过承诺担保或者保函方式担保，银行风险管理制度往往形同虚设。

地方政府融资风险本质上是一种信用风险，即微观层面的金融风险，具有范围广、影响巨大的特点。归根到底，政府融资风险是政府收入的不稳定性与支出的不确定性造成的。可以分为微观、中观、宏观风险三个层次。此外，地方政府融资行为本身也可以引起金融风险，这种风险主要体现为金融调控风险。

融资风险也可以直接转化为财政风险，一般路径是，地方债务过重，从而地方政府还本付息压力大，地方政府的资金紧张，出现财政支出困难而引发财政风险。在市场风险分担机制不完善情况下，市场主体之间的关系未理清，市场风险往往向财政转移。由于债务的隐形性质，地方政府的被动负债严重，特别是在政府出具相关担保函的情况下，财政兜底功能显现，这样造成了财政支出压力，形成了财政风险。在金融风险发生的情况下，地方政府本着从全局利益出发，不得不为坏账买单。如果商业银行呆账过高，不利于商业银行的稳健运行，商业银行经营风险凸显，这样，政府往往会为商业银行坏账买单。公共支出压力过大也会造成公共风险，而由财政兜底。

第 5 章

发达国家地方政府融资风险控制借鉴

地方政府融资平台是我国地方政府在现有融资制度约束下的创新，在预算法明确不具有“明”的融资途径下，绕开政府直接融资，设立融资公司利用市场进行融资。然而“暗”的融资方式造成了监管上的难题，地方政府融资行为不断强化，信贷杠杆不断放大，或有债务迅猛增加，从而政府融资风险不断增加。从我国目前实际情况来看，当前法律制度不允许地方政府进行显性融资，我国地方政府融资往往通过政府融资平台获得。广义讲，凡是地方政府取得资金的行为属于融资范畴，如获得税收。然而，最难以控制和监管的是地方政府利用融资平台进行的隐形融资。由于其具有隐藏性，平台的融资功能不断地被放大，地方政府融资风险不断积聚。本章主要考察发达国家对地方政府融资风险的控制，通过分析借鉴其制度，以形成“透明”融资制度。

5.1 地方政府融资债务分类及债务控制体制概述

5.1.1 地方政府债务的分类

简单地讲融资活动即获取资金的过程。而融资风险即在融资的过程中由于融资活动的不受控制或控制不严格、资金的使用状况偏离预定情况、还款管理发生的资金损失及造成资金偿还困难，从而引起财政风险及金融风险的可能性。可见融资风险的涵义比债务风险更为广泛，融资风险是以债务风险为表现形式的，债务风险是融资风险的核心。研究融资风险更有利于从根源上防范债务风险。

一般而言可以从两个方面对地方政府债务进行分类。按照不同的分类标准，一是按照会计学进行分类，二是按照经济学进行分类。

1. 会计学意义上的债务分类

会计学意义上的分类实际上是按照权责发生制的原则，一旦发生权利与责任的转移即产生债务关系。按照这种分类方式，债权和债务是对等的，地方政府作为债务人而其他经济组织则作为债权人。这种分类方式实际上对应的是显性债务，而对隐性债务没有做明确区分，特别是对于政府或有债务，会计学意义上的分类很难做出完整意义上的划分。

（1）内债与外债。根据资金来源的不同，可将地方政府债务分为内债与外债。内债是地方政府向本国法人或自然人所举借的债务。外债是地方政府向外国政府、金融机构、组织等法人或自然人举借的债务。这种分类方法区分了政府债务的发行区域，还能区别国内资金的变化与分配情况。内债不增加国内资金的总量，只能改变资金在某国的分配结构，仅仅是将资金从自然人或法人手里转移到政府，增加了地方政府的可动用资金。而外债增加了国内可动用的资金规模，对国内资金分配结构不会产生影响。但是外债所产生的债务是一种主权债务，当发生主权债务危机时其影响更大。多年来，我国政府对于主权债务进行有效的监管和控制使其维持在合理的水平以内。为了抵御金融危机的影响，许多国家增加了政府支出，因此，政府债务不断增加。随着债务的比重大幅度的增加，当这个危机爆发到一定阶段的时候可能会出现主权违约，当一国不能偿付其主权债务时发生的违约就会导致主权债务危机。2009 年来爆发了严重的欧洲主权债务危机。希腊债务危机的影响使市场对欧元区国家债务危机的恐慌心理加重，投资者纷纷抛售欧元区资产，多家机构均表示看空欧元，并认为欧元兑美元可能跌向 1.30 附近。欧元区部分国家的债务危机愈演愈烈，区域经济复苏前景黯淡。在投资者对希腊、葡萄牙、爱尔兰和西班牙等国的财政问题日益担忧之际，欧元为“次贷危机”争唱主角。2009 年 12 月全球三大评级公司下调希腊主权评级，希腊债务危机愈演愈烈，并成为欧洲债务危机的导火线。2010 年 2 月 4 日，葡萄牙政府称可能削弱缩减赤字的努力及西班牙披露未来三年预算赤字将高于预测，更是导致市场焦虑急剧上升，欧元遭到大肆抛售，欧洲股市暴跌，整个欧元区正面临成立 11 年以来最严峻考验。

（2）经常性债务与资本性债务。按照用途分地方政府有经常性赤字债务与资本性债务。赤字债务主要用于弥补地方政府经常性债务，在市场经济国家，一般不允许举债来弥补经常性赤字。后者主要用于地方资本性项目融资，如公益项目建设、公共基础设施建设等。资本性债务还可以分为特种债务和一般债务。特种债务指政府为了特殊支出项目而专门举借的债务，这种债务一般具有特定的名称，而一般债务不对支出目的进行特殊限制，对认购对象和发行方式并没有特殊规定。

（3）直接借款与地方债券（市政债）。按照地方政府融资的具体依托方式，可以划分为直接借款和发行地方公债。直接借款指地方政府向上级政府、中央银行、商业银行等协议借款。地方公债指地方政府通过公开发行债券的方式筹措资金。地方公债按照是否上市流通分为可流通公债和非上市流通公债两种。

（4）按偿还期限划分。按照发行到偿还的期限可以分为短期债务、中期债务与长期债务。短期债务指期限在一年内的地方政府债券，存续期限一般以一周为单位，包括地方政府向上级政府、金融机构的借款，以及发放短期债券等。中期债务指 1 年以上，10 年以内的债务。而长期债务通常在 10 年以上，这类债务通常用于地方政府项目建设，往往根据项目寿命周期安排地方政府债务性资金支持。一般来说，地方政府债务一般时间较长，以中长期债务为主，以满足资本性支出。以美国为例，地方政府长期债务有两种，即一般性契约公债和收入公债。一般性契约公债是向贷款人保证兑现所有约定并且以发行政府的信用作为担保的一种公债。政府可能使用源于税收或消费的收入来偿还债务，如果现有收入来源不足以达到这个目的，政府将提高税率或收费率来保证筹集必要的资金。收入公债是一种仅仅以某种来源的收入作为对投资者还本付息担保的公债，如果从某种来源征集的收入不足以还本付息，那么公债持有者将会遭受损失，因此，从投资者的角度看，收入公债比一般性契约公债的风险更高。

（5）固定利率债务和浮动利率债务。按照债务利率是否可以变动，可以分为固定利率债务与浮动利率债务。固定利率债务的利息率在债务发生时就已经确定，不会与通货膨胀联动变化，而浮动利率债务的利息率一般会根据通货膨胀率而调整。对于地方政府而言，若债务采用固定利率方式可以锁定政府债务总额，便于债务偿还管理。但是在价格水平波动比价大的情况下，通常讲实际上采用固定利率债务政府可以把利率风险转让给资金来源方（在通货膨胀情况下，市场利率将上涨，债务名义利率一般比市场利率低，对于政府有利），在这种情况下，采用固定利率融资方式对于资金供给者的吸引力明显较小。

（6）地方各级政府债务。按照地方政府的行政层级，可以划分为省（州）、市、县债务。在我国地方政府债务分为省、市、县级三级债务。这三级政府均有相应的政府融资平台。

2. 经济社会意义上的分类

从经济社会角度来看，政府债务所涵盖的内容更广，因为政府作为社会的管理者，将直接承担债务所带来的社会风险。政府承担的现实义务体现为一种直接债务，而承担的未来义务体现为一种间接债务。如果债务得到法律或者合同的确认，那么就是显性债务，否则就是隐性债务。

白海娜（Hana Polackova Brixi，1998）创建了财政风险矩阵对政府债务进行分类。地方政府债务按照直接或或有债务、显性或隐性债务进行分类，因此可以分为 4 种类型。

根据债务发生的原因，政府债务分为直接债务与或有债务。直接债务是确定的可预测的债务而或有债务是不确定的事件所引发的债务。有些或有事件是以一定的概率发生的，如自然灾害等。

按照债务发生是否得到法律或者合同的确认，可以分为隐性债务和显性债务。显性债务是法律或合同确定的、特定的政府债务，政府具有偿还义务。隐性债务并未得到法律或合同的确认，是由于政府社会管理者身份所决定的建立在公众利益上的道义负担。这种债务是由于政府承担社会公共风险兜底的责任所体现的，根源于政府的隐性担保机制，各种造成社会公共风险的债务最终都有可能转化为政府债务。具体分类见表 5 – 1 政府债务矩阵。

表 5-1　政府债务矩阵

债务来源	直接债务	或有债务
显性	主权债务、法定支出、法定的公务员养老支出	对下级政府债务的担保，对公共或私人部门实体所发行债务的担保，对政策性贷款，政府提供的贸易和汇率担保
隐性	公共投资项目未来的资本性和经常性支出，非法定的未来公共养老金，非法定的未来医疗保健	下级政府对非担保债务的违约，公共部门或私人对非担保债务的违约，政府保险体系以外的金融危机成本，国有部门在私有化过程中的债务清理，非担保社会保障基金的破产，自然灾害等突发性公共事件

资料来源：Hana Polackova Brixi，1998。

（1）显性直接债务。指传统意义上的债务，能够通过会计方式反映出来，它构成了传统财政分析的主体，包括主权债务、法定支出、法定的公务员养老支出等。

（2）显性或有债务。主要产生于政府的担保，往往由于政府相关政策明文规定，出于政府对产业或者项目的大力支持，而出具的书面正式的契约，在被担保人利益受到损害时，由政府支付赔偿。显性或有债务不会在传统的现金流量及预算中反映出来，其本质上是一种隐性的财政补贴。包括对下级政府债务的担保、对公共或私人部门实体所发行债务的担保、对政策性贷款、政府提供的贸易和汇率担保。

（3）隐性直接债务。隐性直接债务是指法律没有规定的社会保障计划或者项目建设的再融资，包括项目的维护、技术改造等方面的支出。作为对政府支持政策的推定结果而长期发生。包括公共投资项目未来的资本性和经常性支出、非法定的未来公共养老金、非法定的未来医疗保健等。

(4) 隐性或有债务。这种债务根源于政府的隐性担保机制，政府天然承担着公共风险，将为公共风险兜底。特别是在目前“民生”与“和谐社会”成为社会主题的情况下，突发性公共事件将成为政府隐性或有债务的主要原因。比如在当前金融危机的背景下，政府为了拉动经济保障民生性支出不断增加，这其中许多支出往往超越了法律的界限。特别是金融系统爆发的危机将波及整个国民经济体系运行时，政府对金融机构的直接援助构成了重要的隐性或有债务来源，其所承担的责任近乎是无限责任。主要包括下级政府对非担保债务的违约，公共部门或私人对非担保债务的违约，政府保险体系以外的金融危机成本，国有部门在私有化过程中的债务清理，非担保社会保障基金的破产，自然灾害等突发性公共事件等。

应当指出经济学角度的分类更能使人从本质上理解地方政府债务的产生，从而有利于对债务进行管理。政府债务矩阵是对地方政府债务分类的创新，能够清晰地理清地方政府债务产生的脉络，在纷繁复杂的政府行政规律中把握问题的本质，便于有效分类，采用不同策略进行有效管理。

5.1.2 地方政府债务控制体制

地方政府债务控制体制是指在中央政府和地方政府之间划分地方政府债务管理权限的相关规定。从法律角度看，地方政府债务管理权限包括：地方政府债务立法权、地方政府债务法律执行权与地方政府债务法律监督权。从债务资金运行角度看，主要包括：举债权、用债权和偿债权。实际上，地方政府债务管理权限划分不同形成了不同的地方政府债务控制体制。总体而言，管理权限的划分遵循集权到分权的规律。而一国究竟倾向于集权还是分权取决于历史文化传统、政治体制、金融市场发展水平等多方面因素。本书根据政府集权状况与金融市场发展水平这两类主要因素的匹配进行划分。

一个国家集权程度高则倾向于采用行政控制型制度，在这种体制下，中央政府全面采用行政手段管理地方政府债务，包括事前审批、资金运行中的监管和事后检查等，地方政府的债务管理权限很小。相反，如果国家分权化程度高，金融市场高度发达则倾向于采用市场约束型制度。这种体制是建立在完全分权意义上的地方政府债务管理体制，地方政府享有自主举债权，能够根据自身资金状况和金融市场资金供给状况对是否举债及额度做出决定，不需要中央政府审批。在这两种类型之间按照集权程度和市场发达程度还有两种过渡类型：共同协商型制度及制度约束型制度，如表 5 - 2 所示。

表 5 - 2　　地方政府债务控制制度类型

		金融市场发达程度	
		高	低
集权程度	强	制度约束	行政控制
	弱	市场约束	共同协商

1. 行政控制型

在行政控制型制度下，中央政府直接运用行政手段管理地方政府债务，主要内容有：（1）对各笔地方政府债务设置限额；（2）对单笔借款进行审查和授权；（3）集中管理全部政府借款，包括批准用于资本项目对地方的转贷，同时包括对政府举债的批准和管理及审查。实行行政控制的国家主要包括法国、日本和韩国。以法国为例，法国是中央集权的单一制国家，实行中央、大区、省和市镇四级政府管理体制。法国政府对于地方政府的举债设有三个机构进行控制：审计法院、财政部及财政部派出机构。

由这三个机构严密监控地方政府负债，使之在可控范围内。法国 1982 年政治体制改革以前，地方政府举债的主要方式是银行借款，只有在中央政府特许的情况下才允许发行政府债券。1982 年改革后，地方政府的举债权有所扩大，但在中央政府的要求下，向银行借款必须提供相关财产作为抵押，贷款期限比较长一般在 10—15 年间，贷款利率同市场利率相同；发行债券必需要以财政收入作为担保。规模上看，法国的地方政府债务增长率严格控制在经常性收入增长的 15% 左右。

2. 市场约束型

这种类型下，中央政府对地方政府举债不作规定，由地方政府基于市场秩序自我约束。金融理论认为，金融市场具有自发的控制风险作用，如果地方政府借款规模过大、入不敷出的话，银行将拒绝贷款，或者要求政府支付额外的利息；地方政府发行债券，如果无法提供财政收入担保，那么市场评级机构将调低信用评级，这样政府债券很难发行出去。本书认为要充分发挥金融市场的约束作用，必需有赖于发达的市场制度。首先政府在金融市场中作为普通的参与者不具有任何特权，不能干预金融机构的业务开展。同时要有充分竞争的市场，在这个市场中必须信息对称。金融机构能随时掌握政府的财务状况，能对还款能力及风险状况做出正确评价，否则更容易产生道德风险。由于地方政府破产机制的约束力非常小，因为这在政治上不可行，因此地方政府在举债融资的过程中会放任债务的增长。这样，必须有上级政府对下级政府无法偿还的惩罚机制和代替地方政府履行债务的机制（当然这种机制不能是无限制地承担责任）。以加拿大为例，加拿大的财政分权程度高，省政府举债不受联邦政府或者宪法的限制，仅需要评级机构评定其授信额度即可，能否借款和借款额受制于金融市场纪律。比较而言新西兰政府对融资的限制更为宽松，对地方政府举债行为基本没有限制，实行比较彻底的市场约束。

3. 制度约束型

这种类型主要是建立在完善的法律规章的基础上，从分权程度来看介于前两者之间，试图通过相关的法律来约束地方政府的融资行为使之规范化，以达到控制效果。采用制度约束的国家比较多，包括美国、波兰、巴西、德国、英国等。

以美国为例，美国州政府与联邦政府在管理上有许多不同，州及以下层级的法律直接或者间接地限制地方政府债务。尽管不同州在法律上关于地方政府融资具体规定存在一些差别，但是各州基本上从程序和数量方面进行限制。从程序上来看，许多州法律规定，地方政府债务必须得到有关机构甚至全体居民的授权或批准。授权或批准主体以选民、议会、专门委员会、财政部门为主。一般责任债券须经州最高权力机关批准，而收益型债券所须批准的层次较低。从数量限制上看，大多数州在法律中对政府负债进行了最高额度限定，主要针对的是一般责任债券，此外还在偿还期限和投资收益方面进行了限定。

同时，美国各州还进行间接限制。一是通过平衡预算即对地方政府的经常性预算进行平衡。在预算管理上，实行分类管理，将预算分为经常性预算和资本性预算，经常性预算一般要求平衡，而资本性预算可以通过融资达到支出均衡。各州在法律中均规定要求遵循预算平衡原则。二是通过财政收支限制。地方政府预算中的税收或支出通常受宪法或法律的限制。税收增长率同经济发展及居民收入水平保持一定的比例，不得超过这个比例。这样通过这些限制影响了地方政府的收入规模，对地方政府债务规模也有一定的影响。

4. 共同协商型

共同协商型是与市场约束型最为接近的类型。所谓共同协商型制度是指地方政府参与到中央政府的宏观经济目标制定中去，与中央政府就收入、支出的增减变动达成一致，并确定对地方政府融资的限制，有利于加强不同层级政府之间的对话和交流，防止债务的积累。通过协商可以让地方政府融资决策者了解预算决策的宏观经济效应，因而地方政府承担更多责任。这种类型也有不足之处，比如由于政府的层级、数量多，协商过程很长而且很复杂，会助长一些地方长官的搭便车行为。以澳大利亚为例，该国联邦政府和地方政府建立了一系列制度，形成了政府之间有效的协商机制。成立了澳大利亚政府委员会协商处理各级政府之间的职责划分和财政关系，成立了拨款委员会和借款委员会分别处理政府之间的财政资金分配和监督州政府和地方政府的借款。

如果把地方政府融资活动看作是一个完整的有机过程来看的话，至少可以分为三个独立且相互联系的活动。其一，是融资前的准备活动。包括融资预算、融资审批等。其二，是融资活动中的资金运用活动，即资金的使用及流向是否按照融资审批说明进行，包括在投资中的项目风险情况。其三，是还款活动。在这个活动中包括对债务风险累计度的监管、还款资金的管理。

5.2　国外地方政府债务融资风险控制借鉴

在国外，地方政府融资制度同我国存在明显区别，地方政府直接融资在制度上完全没有障碍，发达国家地方政府均具有举债权，通过类似于融资平台获得资金的行为反而是非常少见的。也有少数国家同我国一样不允许地方政府直接负债。国外发达国家地方政府融资均以负债方式进行。这是国外地方政府同我国存在的明显差异，因而在对地方政府融资的管理上也存在根本的不同。由于国外地方政府债务具有透明化、程序化等特点并具有严格的审批程序，因而发达国家对融资风险的管理基本上以地方政府债务管理为核心。

5.2.1 美国地方政府融资风险控制

1. 美国地方政府债务概述

（1）宪法明确规定了各级政府的财权与事权。美国宪法明确规定美国三级政府财政间关系，确立了各级政府的支出责任，也赋予了各级政府的税收收入分享比例及享有的税种，同时明确赋予了地方政府举债权，使得各级政府之间的财权和事权清晰。

从支出责任来看，联邦政府负责全国性的国防及福利支出，主要包括联邦级行政、国防、外交、征税，及对地方政府的补贴和对能源环境、住宅、交通等项目的补贴。而州政府和下级政府负责基本的公共产品和服务，包括基础教育、中等教育、地方治安和消防、交通、公共工程、公共福利及州高等教育等。凌驾于其他法律之上的宪法界定了各级政府的职责权限有利于理清各级政府的支出责任和范围。

从收入角度看，各级政府拥有独立的税收决定权和支出预算。美国国家税收分为独立的三级体系：联邦税、州税和地方税，形成独立的税收来源和管理体制。各个税种收入权限的划分体现了各级政府收入的特点比如地方税收 70% 以上来源于财产税，而财产税主要由地方政府享有；联邦政府的收入来源主要是所得税，州政府的税收来源主要是个人所得税和消费税。通过这样的税收收入安排，各级政府均有自己的主体税种，有效保障了收入的独立性，财权配置的有效性得到提高。如表 5－3 和表 5－4 所示，表中列出了主要的税收在各级政府间的分配以及占各级政府收入的比重情况。

表 5－3　　税收在美国各级政府间的分配　　单位：%

税种	联邦	州	地方
个人所得税	81	17	2
公司所得税	81	17	2
消费税	17	67	16
财产税	0	4	96
机动车税	0	92	8
其他税	48	36	16
合计	58	26	16

表 5－4　各种税收收入在美国各级政府收入中所占的比重　单位：%

税种	联邦	州	地方	合计
个人所得税	79	37	5	56
公司所得税	12	6	1	9
消费税	5	46	18	18
财产税	0	2	71	12
机动车税	0	3	0	1
其他税	4	6	5	4

（2）市政债券是地方政府融资的主要方式。在美国州和地方公债制度运行已经 150 年以上，为地方建设提供了大量的资金。地方政府债务规模也起伏不定、不断变化，随着地方政府融资制度的规范，20 世纪 50 年代后，地方政府债务水平保持稳定，尽管绝对数量有所上升但是同经济总量相比仍然比较稳定。

美国地方政府债券已经涉及教育、公路运输、社会福利、市政建设、工业援助各个方面。2002 年州以下地方政府债务余额达 1.69 万美元，与美国当年财政收入相近，占政府债务总比重的 22.4%。截至 2008 年市政债券余额为 2.7 万亿美元，占政府债务总比重达 22.1%，发债主体已经超过 8 万家，成为地方政府用于支持基础设施建设的重要融资工具。

（3）美国市政债券种类及现状。美国市政债券的基本类型是一般责任债券（General Obligation Bonds）和收益债券（Revenue Bonds）。一般责任债券是以发行机构的全部信誉作为担保，并以政府税收作为还款支持的无限责任债券。收益债券是以特定项目的收益或者特定税收为保证，本息来源于项目收益的债券。收益债券大多为政府事业或准事业性项目如高等教育、医院筹集资金。除了这两种基本类型外，还有几种衍生出来的市政债券类型。如特定税种约束债券，是按汽油税、特别捐税或按固定价格征收的从价税等特定税的税收收入作为偿还保证的，此外，还有工业收入债券、住房债券、市政票据及预期债券票据等。

从目前市政债券期限来看，90% 以上市政债券为长期债券，州一级政府所发行债券占 40% 以上，其发性方式一般以公募发行为主。在经济发展情况、偿债能力等条件的约束下，经济发达地区所发行的债券所占比例明显高于其他地区，美国加州等四个经济水平发达州所发行的债券所占比例达到 40% 以上。从债券发行品种看，收益债券发行规模始终高于一般责任债券，一般责任债券发行量从 1996 年的 1206 亿美元上升到 2007 年的 1311 亿美元，年递增 7.3%，而收益债券发行规模从 1996 年的 1206 亿美元上升到 2007 年的 2932 亿美元，年递增 9.3%，收益债券增长速度明显高于一般责任债券。

2007 年，美国爆发了次贷危机，引发了美国经济危机，在这种情况下，市政债券的发行出现了新变化。从投资者角度看，由于次贷危机引起的信用市场状况恶化，机构投资者转向质量更高的债券，并重新向发行者提供贷款，随着评级公司调低对一些市政债券的评级，投资者对市政债券的投资更加谨慎；发行人担心投资者对信用降级的市政债券失去信心，事实上，从 2007 年到 2008 年情况来看，除信用证债券外，其他种类市政债券发行数量有所降低。一般责任债券发行数量保持下降势态，如表5－5所示。

表 5－5　次贷危机后美国市政债券变化　单位:%

债券分类	占总额（2007 年）比重	1—5 月发行量占总额（2008 年）比重	年度变化率
一般责任债券	38	33	－4.4
免税债券	86	88	－5.5
再融资债券	16	29	6
固定利率债券	78	66	－23
含保险债券	41	25	－52
信用债券	5	16	393

资料来源：地方政府债务管理国际研讨会（2008）。

2. 美国地方政府债务控制借鉴

（1）严格控制债务用途。美国联邦及州政府明确规定了州及以下行政机构举债的权利和举债用途，联邦政府的融资与其奉行的经济政策相关，用来弥补政府的各项支出，而地方政府融资则与经济政策无关，获得资金只能用于资本项目支出，联邦和州政府大都以法律形式规定：发债主体所属的州及地方政府必须保持经常性预算平衡。严厉禁止地方政府为了弥补财政赤字而进行融资。州及州以下地方政府融资主要用于以下方面：①公共计划及公共资本建设项目或大型设备采购提供资金，主要包括学校、道路、供排水等。②支持并补贴私人活动，如住房抵押贷款、学生助学贷款以及工业发展支持等。③为短期周转性支出或特种支出提供资金。由于政府税收具有周期性，比如占地方政府收入比例较高的财产税一般集中在年底一次征收，一般集中在一年的某一段时间产生，政府支出往往分布在一年内完成，这样就会产生政府支出与政府收入不同步性问题，即政府收入与政府支出的匹配性问题。④政府再融资计划。政府在利率下降的情况下，可能通过再融资借新债还旧债。为了避免政府债务风险集中于某一段时间，往往需要把政府债务分散在不同时期，通过举借新债还旧债，这样可以缓解债务到期后的财政压力，实现政府债务的可持续发展。按照公共产品提供代际公平的观点，数量巨大的资本性投资一般能够较长时间内提供公共产品，几代人都可以享受公共产品，如果仅仅当代人进行投资的话显然是不够公平的。因此，需要将该部分成本进行分担，由几代或者数代人来提供。实际上，只要政府持续存在，政府举债的权利就会存在，这就为政府持续不断的举债创造了条件，只要政府债务总量控制在一定的范围，政府债务就是安全的。⑤偿付政府的养老金福利责任。养老金福利是政府提供的公共服务的一部分，这部分服务的享有主体比较广泛，对社会稳定的影响比较大。马克思社会扣除理论告诉我们，社会产品在分配前必须经过扣除，其中一部分由于公共福利的提供。我们当然可以把这种扣除看成是社会储蓄的一部分。然而由于社会人口年龄类型的特点及经济发展阶段特点，社会储蓄不均衡也不稳定，某一段时期社会储蓄可能较多，而有些时期社会储蓄可能较少，这样，在社会储蓄比较少时，可以通过融资来弥补社会储蓄的不足，然后在经济发展快速、社会储蓄多时进行债务偿还。实际上对于普通劳动者而言，工作时创造的财富一部分作为工资，另一部分由国家统一管理以便形成社会养老福利，当社会养老储蓄不足时可以通过政府融资促使私人储蓄转变为政府储蓄或社会储蓄。

（2）为政策性支出进行有效融资。政策性补贴或投资的作用并不是在于完全承担补贴或投资对象的风险，而是起到“四两拨千斤”的杠杆作用。从理论上讲，公共产品的外部性很强，资本投资项目公共产品若由私人投资完成，这样可能无法弥补私人投资成本，如果通过政府补贴就能够增加私人投资收入，通过政府的支出达到撬动私人投资，补贴个人或私人就能鼓励私人进入公共项目投资领域，减少政府的资金占用，有效利用民间资金。

补贴个人和私人投资已成为州及以下地方政府举债的第二大支出，在某些情况下成为首要用途。由于政府信用往往高于个人和公司，同时政府对于投资于市政债券的利息免税，使得州及私人利息成本往往低于私人举债成本。因此，政府融资成本往往低于私人举债成本。这样，地方政府以较低或者相同利率将资金借给个人或私人公司，降低了私人公司的融资成本，实际上是政府利用其特殊地位给予投资公共项目的个人或私人公司的补贴。补贴领域通常包括住房抵押贷款、对学生的贷款计划、污水处理设施及工业发展贷款等。

（3）健全的融资约束机制及风险分担。对于一般责任债券，政府将使用各种资金支付利息，并向投资者归还本金，政府使用的偿债资金包括项目收入、各种税收等。如果不能足额偿还，政府将提高税率及费率，以保证一般责任债券的偿还。如果地方政府不能及时筹集到足额资金来支付利息或本金，这样会造成地方政府市政债券的违约。在此情况下，市政债券持有人可以起诉到法庭以获得政府或其代理机构的资产。

如果政府无力偿还，那么政府将被迫破产。弗罗里达州法律规定，债务支出占经常性财政收入的比重（偿债率）不得超过

7%，目前该比率为5.3%。按照偿债率不超过7%的限额规定。在未来三年内弗罗里达州有22亿美元的承债能力。偿债准备金是按照财政收入一定百分比设定的，以用来应对突发金融危机的挑战。12年以来，弗罗里达州的偿债准备金余额比率为12%，目前增加至22%。人均债务估计为980美元，占人均收入的3.07%。与之相反的是加州橙县，由于财政资金管理不善，占财政预算35%的投资基金亏损。此前，橙县赤字已经高达40亿美元。投资经理人管理的130亿美元投资来源于银行借款，并用于衍生工具投资，由于利率上升导致亏损17亿美元，超过了政府的承受能力，发生支付危机。而此时联邦政府和州政府均认为破产原因在于当局对财政管理的不善，如果上级政府去解决这个问题，无疑会引起财政管理逆向选择，助长地方政府对财政管理的放任松散，最终会造成财政管理混乱。因此，破产问题必须由橙县政府自己解决，实际上是一种惩罚机制。橙县政府在宣告破产后，成立了危机处理小组自己去解决问题。首先，政府解雇了一部分公务员，以节省工资支出；其次，是压缩固定资产投资和削减公共服务项目；最后，县政府和债权人进行恳谈，请求延长还款期限，并对负债制定详细的还款计划。

实际上在我国上级政府财政对下级政府财政存在隐性兜底的义务，如果地方政府财政支出产生问题，上级政府绝不会坐视不理，不管下级政府财政因何产生问题，上级政府都会出面担保或以上级财政拨款作为还款来源。这样，在惩罚机制缺乏的情况下，下级政府经营不善所造成的财政管理不善无疑成为无底洞。此外，在公共项目投资的私人机构或个人不具有承担风险意识，把公共项目投资等同为无风险投资，如有风险就由政府承担，风险分担机制缺乏。这无疑同我国的传统文化有关，更是由于相关机制缺乏。

（4）明确的预算管理。美国州及以下地方政府预算一般都实行分类管理，将预算分为经常性预算和资本性预算分别管理。资本性预算可采用负债资金筹集，而经常性预算一般要收支平衡。目前，几乎所有州和地方都在宪法和法令中规定：必须遵循平衡预算原则。这种硬性预算管理严格限制了资金用途，遏制了地方政府债务的泛滥，减少了融资对税收收入的依赖。

在具体的预算实施中，实行复式预算管理，将经常性预算和资本性预算结合。资本性预算将政府各部门当年所需建设修缮的学校、医院、道路等公共项目的支出全部列出，安排落实资金来源。资本性预算资金除了发行债券所筹集的资金外，还包括安排经常性预算剩余的预算资金及其他收入。与经常性预算项目相似，资本性预算编制需要经过一个很长的、严格的过程，其中包括在编制和审批过程中的各种质询和听证，由于项目预算程序非常透明，项目立项比较客观、公正、科学，从而保证了项目资金的及时足额供应、保证了资金的用途、保证了项目的效益，同时又充分考虑了经济发展需求和债务承受能力。地方政府在进行项目融资时要详细考虑项目与地方整体发展的联系、与政府的责任关系，以及项目相关者的收益或损失情况，还要考虑项目是否能增加辖区内资产的价值和税收、项目的建设成本与运作维护费用，能否降低项目的经济运行成本并增加其运作效率以及当地政府的支付能力等。多数地方政府每年会准备一份资本项目跨年度的改进规划，以便选民能够了解近期内可能修建的设施。接下来，预算分析和计划人员要对项目规划进行仔细复查，只有当债务偿还期与项目周期接近时才会使用公债，防止滥用地方政府债券。最后由地方政府政策制定部门决定资本项目，一旦涉及债券融资还需要进行全民投票，使未来纳税人相信他们能从这一借款融资决策中得到好处，从而增强债务的政治辩解力。

（5）严格的规模控制。美国对一般责任市政债券规模控制较严。控制指标主要有：负债率、债务率和资产负债率等。美国州预算管理委员会对全国情况进行了调查。允许发行地方市政债券的47个州中有37个在法令中规定了一般责任债券的限额，用以衡量检查情况和还贷能力，并据此实施严格的债务管理。主要指标有：①债务率：地方政府的债务余额/地方政府的年度财政总收入，限度为90%—120%，其目的是测算政府还贷能力；②负债率：地方政府债务余额/州内生产总值，测算宏观风险水平，限度在13%—16%之间；③人均负债率：债务余额/当地人口数，衡量平均债务水平；④偿债率：债务支出/经常性财政收入，反映了预算灵活性和偿债能力控制在7%以下；⑤偿债准备金余额比例：偿债准备金/债务本金，反映了地方政府债务能否按时偿还；⑥税收还款的债务与所得税比，反映了政府对一般责任债务的偿债能力。图5-1反映了马里兰州2001—2005年以税收偿还的债务占所得税的情况。

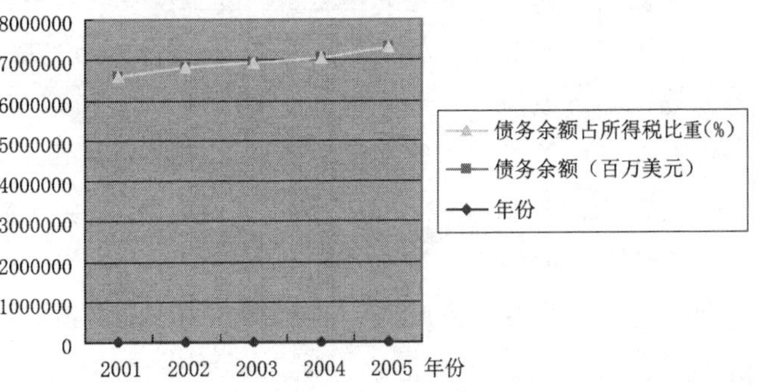

图5-1 马里兰州政府债务余额占所得税比重

除此以外，一些地区还设置了自己的规模控制指标。北卡罗来那州法律规定，州及以下政府的资产负债率要小于8%。马萨诸塞州规定州以及州以下地方政府的资产负债率要小于8%，州政府一般责任债券的还本付息支出不得超过财政支出的10%。

（6）严格的政府债务担保制度。许多州都制定法规对地方政府担保制度进行明确限定。在担保范围上，通常规定地方政府只能对废物处理设施、地方储备设施、地下石油开采等提供担保。在担保资格上，规定只有每年都通过检测的地方政府才能作为担保方，同时对担保资格、担保基金等建立定期登记和审查制度。

5.2.2 日本地方政府债务风险控制

1. 日本地方债务的概况

（1）日本地方债务的用途。为了防止地方公共团体仅为实现单一年度的财政收支平衡而随意发行地方债，将理应由现在居民负担的财源转移至由未来居民所负担，日本《地方财政法》第五条明确规定："地方公共团体不能将地方债收入作为财政支出（从某种意义上讲，这意味着从原则上禁止赤字地方债的发行）。"除此之外，地方债的发行还需要遵守三个基本原则：一是对于地方公共团体来说资本作用比较明显；二是在灾害应急、灾后重建等不得已的情况下；三是力图实现以后各年度间居民负担的均衡化。基于对维持居民代际间公平的考虑，日本《地方财政法》第五条第一项详细地规定了能够将地方债作为财源的特定情况，这实际上就是对地方债使用用途的一种限制，在日本被称为"五条债"，具体内容如下：交通、煤气、水道、医院、地铁等地方公营企业经营项目所需经费；向因满足地方公共团体的行政目标而设立的公共性较高的法人出资时所需资金；地方债还本付息所需经费；灾害应急项目、灾后重建项目以及救灾项目所需经费；文教设施、福利设施、公共设施（公园等）、公用设施（办公楼等）等建设性项目以及这些项目用地所需经费。即使以上的适债项目可以通过发行地方债的方式来筹措资金，但前提也要是要拥有经常性财源，而且被允许作为建设性支出的地方债的偿还年限还不能超过所建工程的使用年限。不过，出于其他的政策性考虑，有些项目即使不具备《地方财政法》的规定，也可以根据特别立法进行特例发债。所以，近年来日本经常会将地方债作为一种应急财源的填补措施，于是就出现了“地方税临时减收填补债”、“财政对策债”等赤字地方债，也出现了“财源对策债”、“调整债”等一次性建设地方债。

（2）日本地方债的分类。如上所述，除了发行建设性地方债以外，日本实际上还大量发行其他形式的地方债，我们可以从不同的角度去进行分类。①从法律依据来看，虽然《地方财政法》第五条原则上禁止发行赤字债，可事实上除了建设性地方债以外，地方公共团体还会根据特别立法发行一定量的赤字债或特例债；②从发行形态来看，可以分为证书借款和发行债券两种，不过也有不伴随资金收付、只登记支出日期的“交付公债”；③从偿还财源来看，可以分为由地方财政部门发行的普通会计债和由经营水道、交通等业务的地方公营企业发行的公营企业债；④从承购的机构来看，可以分为由银团承购债、由民间金融机构承购的私募债和由公有金融机构承购的公募债。

（3）日本地方债的资金来源。日本的地方债可以分为证书借款和发行债券两种方式。前一种方式是指地方政府向中央政府、公营企业金融公库、银行等进行借款。借款利率与资本市场利率挂钩，由市场决定，不需要与中央政府协商。后者是指发行随行就市，以 10 年期为主，大多为付息债券，债券利率通常参照同期限的国债利率制定。私募债券是指地方政府通过特定的投资者交涉后直接发债募集资金，也就是常说的关系资金。特定投资者一般是在地方政府辖区内的营业机构，并且与地方政府有一定的业务关系。在日本地方债的资金来源中，有很长一段时间都是以政府资金为主，占了一半左右的份额。如果再加上以政府为背景的公营企业金融公库，则政府资金和准政府资金的比例常常会达到 60%—70%，民间资金徘徊在 30%—40%。而且，民间资金中很大一部分属于关系资金，所以真正从市场上通过公募形式得到的资金一般低于10%。其实从某种意义上讲，日本的地方债实际上是中央政府资金分配的一种重要方式，成为一种变相的转移支付。公共资金尤其是政府资金的比重过大，不仅会影响资金的配置效率，还会影响到资金的使用效率，并且容易导致预算软约束、腐败等问题。所以，日本政府近年来一直在积极地推进相关改革，曾经作为地方债重要资金来源之一的养老保险资金已经不复存在。受其影响，在地方政府的新增债务中，来源于中央政府的资金份额在逐年下降，来源于市场的公募资金份额在逐年增加。

（4）日本地方债的偿还方式。日本地方债的偿还方式可以分为到期一次性偿还、本息均等偿还和本金均等偿还三种。到期一次性偿还是指在到期日将全部本息一并偿还，这种方式主要用于市场公募资金；本息均等偿还是指每期偿还的本金加利息金额相同，主要用于政府资金和部分的公营企业公库资金；本金均等偿还是指每期偿还的本金金额相等，主要用于关系资金和另一部分公营企业公库资金。后两者统称为“定时偿还”，此外，一年一次和半年一次偿还方式又被称为“年赋”及“半年赋”。

2. 日本地方债的风险防范措施

（1）加强地方债的规模控制。从19世纪后期开始，日本单个财政年度的地方债发行总规模都保持在20兆日元左右，到2004年达到20.7兆日元，为历史最高。其最重要原因是长期的经济低迷导致企业和个人的所得税收入大幅度降低，地方财政的恶化使地方政府不得不大量举债以弥补财政缺口，同时满足公共投入的资金需求。2005年以前，日本主要通过严格的计划管理及审批制度去控制地方债的发行规模。中央政府每年都会编制地方政府债务计划，它规定了中央政府认购地方政府债务的数量及地方政府债务的具体用途，成为中央政府在审批各地方政府的发债申请时的重要依据。2006 年以后，随着新的协议制的推行，中央政府对地方债的控制侧重于事前的风险防范及事后的审计监督。日本政府的审计机构主要由国家会计检察院和地方监察委员会构成。国家会计检察院是日本的最高审计机关，属于国家行政序列，但独立于内阁，不受政府干预，负责对中央政府决算及法律上规定的会计事项进行审计监督。地方监察委员会负责对地方政府财政收支及行政行为进行审计监督。对于审计中发现的问题，以上两个机构通常不会直接做出处理，而是提出改进措施或意见，但实际上他们的建议非常受重视。在对地方债务的审计过程中，国家会计检察院和地方监察委员会主要考虑以下几个指标：①实际赤字率（赤字额/标准财政收入）；②综合实际赤字率（赤字额/政府综合财政收入）；③实际偿债率（用于偿还债务的一般财政收入/标准财政收入）；④未来债务负担率［债务余额（包括公营企业和政府附属机构的未来债务负担）/标准财政收入］。

（2）地方政府融资制度化管理。为了确保偿还地方债的财源，日本政府要求地方公共团体设置减债基金。需要利用减债基金来进行定时偿还的包括：义务教育设施建设事业债、公共用地建设事业债、区域开发事业债等项目。确立财政在融资中的主体地位。财政在地方政府融资管理中居于主体地位，建立其与地方政府公债融资相对应的预、决算编报制度和有效的监督管理系统；中央对地方债发行实行严格的审批制度，进行总量控制、结构调整。扩大地方政府融资范围。实行法制化管理，国家财政法规和地方自治法都赋予地方政府融资的相应权利，其融资来源、资金管理、投放范围以及偿还都有明确的法律规定。规定地方债主要用在城市基础设施建设，特别是市政设施建设方面。日本的《地方财政法》严格规定了地方债的使用范围。

（3）规范地方债的发行及偿还方式。2000 年以前，日本地方债一般是在公债市场里流通，从而限制了地方债的发行规模。2000 年进行体制改革后，逐渐偏向于以普通证券形式发行，使地方债变成一种流通性更高的进入商品。偿还方法也有新的措施，近年来逐渐趋向采用标准的偿还方式以便于流通市场的交易。日本的地方财政制度是财源保障型制度，即中央政府对地方政府支出的财源进行保障。每年中央政府都要制定地方财政计划，在这个计划中，按照标准的财政收支指标分门别类地详细测算地方政府的支出需求与收入状况。在支出需求一定的前提下，首先计算地方税、地方交付税、国库支出金等项收入对支出需求的满足程度与缺口状况，之后在自治大臣与财务大臣综合考虑中央财政运营状况和财政投融资计划等的基础上，最后敲定地方债计划。这样，地方债实际上是地方政府财政平衡的最后一个法码，具有财源保障作用。

（4）严格规范发行债券的地方政府财务状况以及其偿债资金来源。日本对发行地方债的地方政府财政运营状况有比较严格的规定，主要有：①财政赤字占标准财政规模的比率超过一定水平（都道府县为 5%，市町村为 20%）的地方政府，如果未能按地方财政再建促进特别措施法的规定实施财政再建计划的，不得发行建设事业债。②偿还地方债时发生拖欠的地方政府，或有过以虚假资料等申请地方债行为的地方政府不得发行地方债。③起债限制比率过去三年平均超过 20% 但不满 30% 的地方政府原则上不得发行一般单独事业地方债和福利设施等相关事业的地方债。超过 30% 的地方政府不得发行除救灾等特定事业地方债以外的所有地方债。此外，对这一比率超过 15% 的地方政府，必须制定公债费负担合理化计划，采取增收节支措施在 7 年内将这一比率压缩至 13% 以下。④对地方税的征收率不足 90% 或普通税的税率未达到国家规定的标准税率的地方政府，以及财政收支状况明显存在问题（例如收入过多依赖赛马、赛车等收益的）

且没有采取切实可行的措施进行改正的地方政府，在发行一般事业地方债时有一定限制。地方债的资金来源以低利、长期的公共资金为主。日本的地方债计划不仅详细规定了地方债资金的具体用途，对地方债资金的来源也有详细的计划，这在地方债计划中具体体现为政府性资金（包括财政投融资资金、邮政储蓄资金、简易生命保险资金等）、公营公库资金以及民间资金（市场资金及金融机构资金等）。从近年来的实际运营情况看，市场公募债比重有逐渐上升的趋势，公共资金比重在40%—50%左右。但从地方债余额看，其中公共资金比重高达50%以上，民间金融机构资金占30%，市场资金只占了10%左右。由于公共资金具有利率低、期限长的特点，对地方政府来说，申请地方债资金无异于得到中央政府的补助，这是中央政府控制下的地方债资金吸引地方政府的一个重要理由。

（5）构筑地方债管理实务处理体制。随着地方债发行单位的大型化及发行方式的标准化，日本政府已成立专门的部门来协调交易方与投资方的债权债务关系。管理会计、税后等数据，逐步确立、规范地方债管理实务处理体制。地方政府在发行地方债时，要得到总务大臣（原为自治大臣，下同）或都道府县知事（就市町村一级政府而言）的批准。而总务大臣在批准各地方政府地方债发行申请时的主要依据是该年度与财务大臣（原为大藏大臣，下同）协议后制定的地方债计划。地方债计划在编制国家预算及决定财政投融资计划等的同时，由财务大臣和总务大臣协商制定。它按各事业支出项目详细规定了本年度地方债发行的预定数额以及相应的资金来源，之后按一定的方式或切块或直接指派分配给各地方政府，地方政府再据此制定自己的地方债发行计划报批。

（6）采用地方债市价测评体系。对以普通证券形式发行的地方债，日本政府会及时跟踪把握它们的使用情况，如果遇到违规事件，有关部门也会迅速启用处罚措施。日本的金融机构在2000 年的时候推出金融商品测评标准，并开始采用市价测评体系。地方债可以分为“持有目的”、“持有到期”、“可供出售”三种类型，其中只有“持有目的”和“可供出售”是市价测评体系的测评对象。

5.3　小　　结

地方政府债务可以根据不同标准分成不同类型，比如内债与外债、经常性债务与资本性债务等。通常从风险防范角度分为以下几类：显性直接债务、显性或有债务、隐性直接债务、隐性或有债务等。地方政府债务控制体制是指在中央政府和地方政府之间划分地方政府债务管理权限的相关规定。从法律角度看，地方政府债务管理权限包括：地方政府债务立法权、地方政府债务法律执行权与地方政府债务法律监督权。从债务资金运行角度看，主要包括：举债权、用债权和偿债权。一国究竟倾向于集权还是分权取决于历史文化传统、政治体制、金融市场发展水平等多方面因素。中央政府可以全面采用行政手段管理地方政府债务，包括事前审批、资金运行中的监管和事后检查等，地方政府的债务管理权限很小。相反，如果国家分权化程度高、金融市场高度发达则倾向于采用市场约束型制度。在这两种类型之间按照分权程度和市场发展状况还有两种过渡类型：共同协商型制度及制度约束型制度。

美国联邦及州政府明确规定了州及以下行政机构举债的权利并对举债用途，联邦政府的融资与其奉行的经济政策相关，用来弥补政府的各项支出，而地方政府融资则与经济政策无关，获得资金只能用于资本项目支出。融资约束机制健全，如果政府违约，那么债券持有人可以到法庭起诉获得政府或者其代理机构的资产，政府无力偿还，则将被迫破产。预算管理方面，州及以下地方政府预算一般都实行分类管理，将预算分为经常性预算和资本性预算分别管理，通过负债率、债务率和资产负债率等严格控制债务规模。

日本则通过国家会计检察院和地方监察委员会负责对地方政府财政收支及行政行为进行审计监督，要求地方公共团体设置减债基金。需要利用减债基金来进行定时偿还的包括：义务教育设施建设事业债、公共用地建设事业债、区域开发事业债等项目。

第 6 章

地方政府融资创新中风险分担机制构建的理论基础

我国地方政府债务总量上呈天文数字，地方政府融资的风险不断凸显。短期看需要缓解政府债务压力，规范政府的融资行为。然而这很难治标治本，地方政府的融资需求是客观存在的，必须正视这一现实。在地方政府融资缺乏透明度的情况下，任何“堵”的鸵鸟政策必将引致地方政府“变通”的策略，从而造成地方政府债务的再一次失控。本书认为，在策略上“变堵为疏”，以制度建设为核心，构建地方政府融资的长效机制才是上策。地方政府融资风险分担机制在引入市场风险机制的基础上通过制度安排隔离准公共产品（公共项目）的政策性风险和商业性风险，明确项目建设的风险责任主体，是以长效机制构建政府融资制度的核心内容。

风险分担机制是金融市场各主体行为的微观基础，然而这种机制应用到政府和市场混合作用领域在政策性投资领域具有新的内涵，在理论上需要作重新表述。

6.1 风险分担机制的内涵

6.1.1 地方政府融资风险分担机制的定义

1. 金融视角的风险分担机制

金融市场资金融通得以存在的基础是信用关系的存在，这种关系是以还本付息为条件的。资金的所有者让渡了资金使用权，资金的使用者获得了资金的使用权，两者关系是资金使用权的买卖关系，而资金使用权的价格就是利息。一般认为从金融机构在融资过程中发挥的作用来看，融资方式一般分为直接融资与间接融资。所谓直接融资指金融中介机构在融资过程中仅仅发挥中间人作用，投资者直接购买融资者的债券或者股票，与金融中介机构只是委托代理关系。在这个过程中，投资者掌握资金的具体投向，融资及投资过程透明。在债券投资中，投资者获得还本付息。在对股票的投资中，投资者作为项目的所有者，获得股息或者分红，风险由投资者自主控制。所谓间接融资指中介机构（通常为银行）向分散的资金所有者购入资金使用权，然后向资金需求者出售资金使用权的行为，间接融资过程割裂了资金实际使用者和所有者的直接联系，风险很大一部分由中介机构控制。

Allen 和 Gale（1995）提出了金融风险分担理论，他们将金融体系分担风险的方式分为金融市场横向风险分担和银行中介纵向风险分担。无论直接融资还是间接融资过程，对于资金所有者还是融资者都具有风险。风险主要来源于投资者受益的不确定性，不但会造成利息（股息）的损失，甚至造成本金（账面市值）的损失。由于资金所有者同融资者的相对低位，在融资过程中，资金所有者希望风险尽量小、受益尽量大，而融资者希望成本（资金所有者的收益）尽量小、风险尽量小，在这种讨价还价中，达成一致的均衡价格。在均衡价格的产生中，资本所有者具有对投资的选择权，希望找到收益尽量大而风险小的项目。实际上，收益都是伴随风险而存在的。高收益往往伴随高风险，因此，资金所有者将在高风险和高收益中权衡，使收益和风险得到匹配。为了一定的收益，宁愿承担一定来源于投资者的投资风险，这种风险匹配机制，就是风险分担机制。这种机制表明，风险是普遍存在的，只是风险有大有小而已。“鱼和熊掌”不能得兼，要达到一定的收益率，必须承担一定的风险。实际上金融体系的风险分担就是通过投资者的金融活动将经济中的风险在不同投资者之间和同一投资者的不同时期之间进行分担，从而达到风险配置的最优化。金融部门的核心功能之一就是通过不同参与者来分担风险，金融中介所创造的价值主要是通过分散风险使成本得以最小化。

2. 公共经济学视角的风险分担机制

政府的主要职能在于提供公共产品。对于纯公共产品，或者正的外部性大的公共产品，不能由私人提供，这些公共产品必须由政府提供。显然政府是公共产品提供中风险的唯一承担者。公共项目风险来源于项目建设与运营中的微观风险，这些风险在政府作为风险责任主体的情况下，微观风险上升为财政风险。因而，政府是纯公共产品风险的直接承担者。如果考虑到政府的公共人①（刘瑞，2001）身份，实际上政府和公民之间是一种委托代理关系。那么这种公共风险是由公众通过税收方式积累资金，以分担掉相关的风险，其分担主体数目众多，来源面比较广。这种风险分担集中体现了财政的特点，集众人之财，办众人之事。

① 所谓公共人指追求社会公共利益最大化，行使公共权力，依靠公共给养，接受公共监督的政府人。

在准公共产品提供领域，目前我国政府融资风险分担机制没有形成，项目建设运营风险完全由政府承担，这样造成了地方政府的或有负债大量转变为实际负债，增加了政府的财政压力，违背了金融市场风险与收益匹配的原则，更有甚者把地方政府当成“唐僧肉”，只要投入资金就稳赚不赔，从来没有风险意识。

3. 地方政府融资风险分担机制界定

在我们对投融资过程的微观运行基础及结合财政投融资行为分析的基础上，我们对政府融资风险分担机制有了更深入的了解，本书认为政府融资风险分担机制是指政府在准公共产品的提供过程中风险与收益匹配的情况下，按照风险分担方的契约约定，在建设项目产生风险时，通过引入相关市场机制，损失由多个利益相关方共同承担风险的制度安排。

地方政府融资风险分担机制具有几个方面的特点。首先，参与具有特殊性，参与的一方具有政府背景，政府无疑具有重要的影响。市场组织或者个人在政府背景的基础上签订相关契约，如若政府失约，民间（或市场）方的整个契约履行的约束力相当有限。其次，项目具有准公共产品的性质，并非完全的公共产品或者纯市场产品，收益率不高，但投资周期比较长。完全依靠市场投资机制或者财政投资机制难以推动。再次，这种契约建立在市场机制的基础上，通过财政可持续性资金的介入，使之符合市场项目运作的条件，但同政府或者政府担保完全切割，规避风险的逆向转移，避免政府承担过度风险，从而政府资金不会成为“唐僧肉”。最后，契约的形式可以是 PPP 也可以是政府购买服务的一系列形式，这些形式都有利于市场机制发挥作用，比如破产机制、价格机制，使得政府准公共产品项目的价值可以在资本市场通过市场价格发现机制而被市场认可，并可以流通转让。因此，我们认为地方政府融资风险分担机制是一种特殊载体下的，通过财政资金可持续介入，积极引入市场机制并充分发挥其作用的收益风险匹配机制，从而成功实现地方政府“功成身退”，变隐形融资为阳关化融资的机制。

6.1.2　融资风险分担机制与担保机制

担保是为了担保债权实现而采取的法律措施。从我国担保法的内容看，债的担保应当说是指以当事人的一定财产为基础的，能够用以督促债务人履行债务，保障债权实现的方法。担保法上的担保，又称债权担保、债的担保、债务担保，是个总括的概念，内涵丰富，外延极广。在我国的立法上并未对此下一明确的定义。

担保机制也具有风险规避与分担功能，当债务人无法履行债务承诺时，由担保人承担债务责任，常见的担保方式有保证、抵押、质押、留置等。在风险未发生前，通过担保可以免除债权人的后顾之忧，能放心大胆地调用闲置资金或资产。在物的担保下，债权人还可以通过行使担保物权，从特定担保物中实现优先受偿。所以债权人不必担心因债务不履行而遭受不测之险。当风险发生时，在债务人无法履约或完全履约的情况下，担保人将承担债务，债权人的权利得到保障，对于债权人而言实际上是一种风险规避机制。担保业务得以存在是以担保方能够管理或者承担风险为前提的，市场化的担保如担保公司的担保在于担保公司具有承担风险、管理风险以获取收益的能力。

风险分担机制是一种市场机制，是由市场运行的规律决定的，而担保机制是一种双方协商的契约机制，而且担保机制通常用于债务人对债权人的担保，当然也可能存在再担保（以或有债务为基础），对于债权人而言是一种风险规避机制，是多个利益方协商的结果。

6.1.3 融资风险分担机制与保险机制

所谓保险是以契约形式确立双方经济关系，以缴纳保险费建立起来的保险基金，对保险合同规定范围内的灾害事故所造成的损失进行经济补偿或给付的一种经济形式。保险是一种商业性行为，是一种古老的风险管理方法，保险人与被保险人是一种商品交换关系和收入再分配关系。从根本上说，保险是一种损失分摊方法，也是一种风险分担机制，它以多数单位和个人缴纳保费建立保险基金，使少数成员的损失由全体被保险人分担。可见，保险风险分担是一种商品或服务，只有缴纳保费，符合保险条件才能获得保险，具有商业性。保险公司是这种商品的提供者，通过组织这种服务而获得收益。同时保险范围有一定要求，一些标的不能参保。保险也具有一定的实效性，在双方约定的时期内有效，超过这个范围就失效。双方也存在契约关系，保险合同是双方根据此协议来明确投保人与保险人之间的权利义务关系，即由投保人向保险人缴纳保险费，保险人则应在约定的保险事故发生后，对事故造成的财产损失承担经济赔偿责任（保险法）。此外，保险还有风险管理服务职能，保险公司具有风险管理的专业知识、大量的风险损失资料，为社会风险管理提供了有力的数据支持。同时，保险公司大力宣传培养投保人的风险防范意识；帮助投保人识别和控制风险，指导其加强风险管理；进行安全检查，督促投保人及时采取措施消除隐患；提取防灾资金，资助防灾设施的添置和灾害防治的研究。融资风险分担机制建立在市场机制上，而并非单纯契约型的服务或者商品，其风险分担时间处在自愿遵守规律的条件下，而保险风险分担是被保险人履行缴纳保费义务后的一种权利。

6.2　风险分担机制的意义

2008 年年末以来，应对金融危机政府实施扩张性政策有 4 万亿元的项目投资安排之后，出现了所谓地方政府融资的“狂欢节”，造成地方政府债务不断上升，出现了天文数字式的地方政府债务。禁止地方政府直接举债被认为是防止地方政府举债出现紊乱的一个制度规定，然而在目前地方政府缺乏明确举债制度的情况下，地方政府融资需求被无限放大及中央政府需要地方政府配合投资的情况下，地方政府债务以“暗”的方式不断增长。因此，我们必须在市场经济建设中做出制度性思考，结合经济转轨的制度创新，充分有效利用金融市场的资金配置功能、遵循市场规律形成约束、激励机制，进而不断地深入完善地方政府融资体制。在思路表述上应该是“有堵有疏，疏堵结合，但堵不如疏”。

6.2.1　建立风险分担机制是地方政府融资制度创新的核心

公共项目建设投资具有很大的政策性因素在里面，特别是在我国面临百年一遇的金融危机下，很多地方项目如雨后春笋般不断上马，这些项目的意义很大程度上在于带动投资拉动经济的发展，政策性意图非常明显。作为准公共产品，公共项目满足了公众的共同需要，因而其本身政策性意义较强。因而从风险角度看，公共项目建设本身也包含政策性风险，这种风险应该由政府承担。此外，由于准公共产品普遍实行收费，因而在商业性资金加入后，也面临商业性风险。如果不能分清这两种风险，在实践中不能有效地区分这两种风险，显然对于投资主体和融资主体而言是不合理的。合理地界定两种风险在成本分担上的边界，有利于更好地发挥市场机制的作用，对于地方政府融资的可持续发展具有重要的意义。从经济学角度看，在发挥金融市场机制下，地方政府作为融资主体同金融市场普通融资主体一样，能自主进行风险和收益的匹配。在目前地方政府融资风险分担机制缺乏情况下，地方政府只能承担全部风险，投资主体或者资金提供方的约束机制缺乏。在地方政府融资需求旺盛，地方政府担保主体信用无限放大情况下，商业银行资金源源不断流入到具有政策性意图的投资领域，使得商业性资金应该承担的风险被政策性风险掩盖，进而商业风险转化为政策性风险，由地方政府承担，使得地方政府债务不断上升，地方政府债务风险不断加剧。本书认为建立风险分担机制有利于形成对资金供给者的约束机制，使得政府债务限制在一定范围内，有利于从根本上解决地方政府融资风险问题。

6.2.2 风险分担机制是财政风险的防火墙

目前我国地方政府债务呈天文数字上升。2009 年年末，权威专家估计我国地方政府债务总额接近 6.8 万亿元。对于融资项目而言，建设项目具有周期性，需要资金不断投入，而且实际投资同预算投资相比还有出入。一方面，不难预见，随着地方政府项目建设的推进，这个数字还可能不断上升；另一方面，项目自身具有微观风险，如果风险爆发，可能导致项目的收益达不到预期收益，而且导致投资成本增加，政府支出压力增大，沉重的负债将会使地方政府财政举步维艰。在地方政府难以还本付息情况下，债务风险将会集中爆发，这些负债大部分以商业银行贷款为主，在商业银行资金链断裂的情况下，就会造成金融风险。金融风险的形成进一步演变为公共风险，最后还是由财政兜底。随着地方政府负债的不断上升、不断积累，两种风险将叠加在一起，形成严重的财政风险，如果集中爆发将产生不可预料的破坏性。

可见，地方政府融资导致的财政风险根源在于项目自身的微观风险，包括向银行贷款的风险等。这种微观风险可能上升到宏观财政风险的根源在于项目自身没有风险的熔断机制，即项目本身抵御风险的机制及有效的破产机制。对于纯粹的商业项目而言，具有明确的自负盈亏机制，这有利于风险熔断机制的形成。一旦项目发生问题，那么项目自身的资产或收益成为偿债的第一资金来源，如果不能偿还那么项目将破产。在引入风险分担机制情况下，对于具有政策性涵义的政府项目而言，具有政府背景的法人平台将承担项目本身所带来的商业性风险，而商业性资金也将承担一部分商业风险，剩下一部分政策性风险由地方政府承担，如果还不能偿还负债的话那么将引入破产机制。

因此，风险分担机制区分了政策性风险和商业性风险的责任主体，避免政府投资主体单方承担风险，从而避免微观商业风险转化为宏观财政风险，成为微观商业风险转化为宏观财政风险的防火墙。

6.2.3　地方政府融资风险分担机制将降低政府负债压力

目前我国地方政府融资债务风险不断积累的原因在于地方政府在融资的过程中背负了过多的债务，承担了过多的风险。各地融资平台依托政府的直接注资成立，其性质多种多样，有的是事业单位，有的是企业性质。那么在规范的运作中，这些融资主体都应遵循金融市场规律，自负盈亏、自担风险，以其项目未来收益为抵押或以资产为抵押。在实践中由于融资平台的功能仅限于融资，甚至其意义仅仅在于形式上满足贷款要求，一旦获得贷款，有些融资平台就撤销了，融资平台成了地方政府的提款机，因而，融资平台同地方政府关系复杂，可以说是唇齿相依的关系。从这个角度看，融资平台普遍存在资产质量低、重复担保严重等现象。如果完全脱离同政府的关系，显然不能获得融资，这样融资平台在融资时地方政府纷纷出具担保函。无形之中，地方政府完全背负了融资平台的负债，而且在地方政府投资激励下，地方政府融资平台的融资越来越多，地方政府负债也越来越多。

融资风险分担机制，剥离了融资平台同地方政府之间的债务必然联系。由融资平台自身承担融资风险，使之成为独立的自负盈亏的经营主体，同时形成了对融资平台的约束机制，对于融资平台的规范运作起到积极的作用。这样，在市场机制的约束下，能很好地约束市场资金的流向，政府公共项目的效益性能够成为商业银行或者资金供给主体的一个考虑因素。当然如果纯粹靠市场机制来约束或选择资金的流向，很有可能背离项目政策性的初衷。在这种情况下，可以引入政策性资金的介入，形成财政可持续介入机制，翻过政策性项目不能翻过的“坎”，使资金供给主体获得相应的收益，但同时承担应有的风险。这种财政可持续介入机制也是风险分担机制的重要内容。

6.2.4 地方政府融资风险分担机制将有利于完善混合领域的管理

政府与市场的边界以及如何协调两者的作用一直是经济学界探讨的热点话题。两者的协调在不同的经济发展过程以及不同的经济发展水平下具有不同的协调要求和协调方式，两者作用的界限也随之发生变化。在计划经济下，资源的配置采用行政计划方式，投资资金采用行政划拨取得。一切资金来源于政府财政拨款，这样造成了财政压力巨大，不能充分调动社会各方面的积极性。在市场经济下，资金依靠市场配置，资金流向效益好、风险相对小的领域，资金价格——利率引导资金的流向。市场需求较大的产品价格相对较高因此投资回报也较高，这样社会需求大的领域往往能获得资金，而市场需求小的项目往往效益不高，投资回报率低，很难获得资金。市场运行中，收益和风险是相互匹配的，高收益往往意味着高风险，各参与主体自行来对风险进行控制，投资者在投资时往往需要权衡风险和收益，对两者进行匹配，形成独特的投资曲线。行政计划资金配置具有不计成本和效益能够集中资金优势，优先建设公共项目。特别是在收益无法衡量长期性和全局性意义的项目上，计划资金配置方式具有独特的优点。市场资金配置具有效率高的特点，能自发调节资金流向，是一般消费品生产企业重要的资金来源方式。

准公共产品的提供有三种方式，即公共生产、私人提供与混合提供。由于财政资金有限，在财政资金主导下，合理利用私人商业性资金是准公共产品提供的重要渠道，混合提供方式已经成为公共产品提供的重要发展方式。公共项目投资回收期长，收益率低，面临的风险较大，如果单纯依靠市场资金，很难为公共项目获取资金。如果引入风险分担机制，在政策性资金介入下，提高项目额收益，分担政策性项目的风险，就能有效引入商业资金。引入相关机制时，需要建立相关风险评级体系及增信体系。在管理方法上，形成有效的政策性资金与商业性资金双赢的公共管理机制。

6.2.5　地方政府融资风险分担机制有利于界定政府的职能边界

我国经济体制转轨就是要理清政府与市场的行为边界，让其各司其职，在不同的领域最大限度发挥起作用。在中央政府逐渐退出竞争领域，把金融、财政、投资等权限下放时，地方政府却截留了本应该还给市场的权利，从而获得了谋取地方利益的权利，出现了替代市场的行为。在政府行政运行层面，政府没有进入本该进入的领域，反而进入了不该进入的领域，造成了地方政府的越位与缺位。一方面，地方政府进入了盈利强的竞争性项目，政府的强势地位使得各商业性竞争主体无法与之竞争，挤占了商业性机构的发展空间，政府大量建设盈利性项目，财政资金支出过多，政府背负了大量债务。另一方面，同时使得这些政府直接控制的企业效率低下，效益欠佳，不能自负盈亏，地方政府财政花费大量的资金进行弥补。这样，在4万亿元投资刺激计划出台后，地方政府忙于上项目，争取资金。新的支出重点与热点不断涌现，使得事权繁多的地方政府本已捉襟见肘的支出状况更是雪上加霜。在这种状况下，地方政府不得不广开融资渠道，债务不断增加。

融资风险分担机制的建立，引入了市场约束机制，建立了透明的信息披露机制，使得资金供给者能随时掌握资金的投向，对政府投资监督加强。此外，透明化融资的过程中，专业化的政策性融资评级机构及增信机构等市场中介机构将代表市场对政府的资金实力情况、管理能力水平做出评价，对于地方政府投资领域超出范围的将给出较低评级或者拒绝征信。可见，市场约束机制将发挥其约束作用，抑制地方政府过度的投资行为，将有效地减少地方政府竞争性项目。

6.2.6　地方政府融资风险分担机制有利于政府融资的可持续化

实现地方融资与债务的可持续发展能为地方政府源源不断地提供财力支持，缓解地方政府的支出压力是地方政府要解决的长远问题。从目前地方政府融资情况看，存在融资无序化和失控现象，地方政府举债的随意性特点突出，已经严重地影响到地方政府融资的可持续化。政府出台了规范融资平台的一系列规范性文件，这有利于减少地方政府债务压力，缓解地方政府债务危机。但是，这只是权宜之计，只能暂时堵住政府融资的口子，绝不是长久之计，地方政府庞大的融资需求仍然存在。因此，从长远来看要变堵为疏，建立地方政府融资的长效机制。

融资风险分担机制将缓解地方政府债务压力，大幅度减少地方政府承担的过多责任，同时有利于规范地方政府行为。地方政府融资制度需要规范和整顿，但仅仅从融资平台行为规范和整顿上着力很难起到治标治本的效果，因而如何从制度上创新才是地方政府融资前瞻性的问题。融资风险分担机制是地方政府融资制度的核心内容，有利于从制度上规范地方政府融资，从而建立地方政府融资的长效机制。

6.3 地方政府融资风险分担的原则与主体

6.3.1 风险与收益分担的原则

1. 收益与风险匹配原则

投资者行为的规律是收益最大化和厌恶风险，两者的综合反映为追求效用最大化。交易主体追求的是收益最大化，然而由于高收入伴随高风险，因此，投资者在所能接受的风险下寻求能够接受的高收益，或者在收益足够高时才会冒险，从理论上讲，金融市场中投资者的效用是权衡风险和收益的结构。公共项目建设的投资者利用公共项目预期收入的波动来估计风险，在收益水平相当的时候会选择低风险，而在风险水平较低时偏好于收益较高的投资项目。

筹资者和投资者处于相对立的地位，投资者的高收益就是筹资者的高成本，筹资者决策思路与投资者相反，它所追求的是低成本和低风险。所谓筹资者的成本即是筹资成本包括资金筹集费用和资金占用费用，资金筹集费用是筹资过程中所发生的管理费用，属一次性支出；而资金占用费用是资金使用过程中，对资金所有者的补偿，包括利息和股票的股利等方面。

金融市场机制的运行机理在于通过收益和风险合理进行不同组合以满足不同投资者的偏好。对于政府融资而言，通过政策性资金的介入在收益上满足投资者的要求，并把商业性风险与之进行匹配，在此基础上，引入商业性资金。收益与风险是政府投资项目融资考虑的重要因素，收益与风险匹配是风险分担机制设计考虑的重要原则。两者应该处于对等地位，如果承担风险过多，而收益过低那么很难达到引入资金效果；承担风险过低，收益过高，那么筹资者承担风险一定过高。准公共产品提供中，政府的目标并不是追求项目收益的最大化，而是有政策性公共性目标，但对于商业性资金是追求利润最大化的，形成了两者之间的矛盾，通过收益与风险的最优配置可以解决这个矛盾，而实际上政策性项目必须要有收入来满足商业性资金的要求。

2. 风险最优控制原则

政府项目融资实际上也是一种管理机制。政府同项目其他投资者各具优势，也各具劣势，以资金关系为纽带把各方面组织在一起，充分发挥各方面的优势，管理好项目，从而达到管理上的最优资源配置。在风险分担上，各方面承担风险的能力不一样，资金投入不一样，政府追求政策上的目标，商业资金往往追求商业性的目标，因而政府应当承担政策性的风险。商业性资金应当承担商业性风险，比如市场方面带来的风险。这样政府在承担政策性风险方面具有天然优势，而商业性资金对于商业性风险较为熟悉，因而对商业性风险的处理效率较高。在风险最优控制原则下，要求各方能够分担在管理方面具有优势的风险，以利于对风险的控制和管理。由某种风险控制力最强的参与者控制该风险能够有效地降低风险的管理成本，提高风险管理的效率。

3. 控制权原则

各种风险实际上交织在一起，联系密切，一种风险可能演化为另外的风险，各种风险之间存在传导想象。因而，把风险单纯区分为政策性风险与商业性风险分隔开是不可能的。在实践中，往往根据各方参与项目的程度来进行风险分担设计。例如，在 PPP 项目建设中参与者一般有政府、企业、商业银行、承建商、运营商五方，各方参与项目的程度不同，所持项目股份或出资额不一样，所获收益与参与项目程度是密切相关的。项目参与程度直接体现为各方对项目的控制权，因而，客观上应该以各方的控制权作为其风险分担的原则之一。

4. 风险上限原则

所谓风险上限原则是指由于未预料因素或者风险带来的实际损失远远大于双方所认定的损失，不能由一方无限制承担。如果由私人方承担必将影响其积极性，而且就单方财力而言，私人方不能够完全承担这种风险，必将导致项目风险转化为更严重的风险，比如公共风险。

6.3.2 项目分担主体

1. 地方政府

地方政府往往作为项目的策划者和项目建设的倡导者，在项目的建设中具有举足轻重的地位，一般而言政府往往成立项目建设委员会直接负责项目的建设。在管理架构上，往往成立政府背景的国有控股公司来代表政府作为出资人，也作为项目实际的控制者。因而，具有政府背景的平台公司受地方政府控制，其行为在某种程度上代表地方政府的行为。地方政府和这类平台公司是一种委托代理关系。因而，项目平台公司直接参与项目的建设，一般而言政府项目中，政府往往作为实际控制人，出资比例往往比较大。就其建设目标来看，项目平台公司接受政府的委托，履行政府在项目建设中追求的政策性目标，不以利润最大化作为目标。

政府作为项目融资中的最重要的参与者，直接影响到项目建设的成败。一般而言，地方政府以一定的资金参与项目或者以特许经营权转让作为对项目建设、融资安排的支持。地方政府给予项目的特殊政策以及对项目的态度将直接影响到项目的成败。比如，税收优惠政策、财政补贴政策等直接影响到项目运营的成本。此外，政府本身的地位特殊，项目建设中政府的积极性，将影响到项目建设的效率。比如，政府在项目建设中对土地拆迁或者土地使用的支持。可以想象，如果在用地方面以及资金方面不能得到政府的支持，那么项目建设将举步维艰。有些情况下，地方政府同时充当项目的购买者，政府出价高低影响到项目建设能否良好运营。

地方政府往往是风险分担机制的设计者，在风险分担中起着主导作用。地方政府往往通过风险分担的协商及谈判与各方达成风险分担的协议。例如，政府通过招标和评标授予私人机构特许经营权，同时将部分风险转移给私人机构。在项目建设中如果发生同法律抵触，政府应该以相应的措施保证项目进行，如果在正常的经营管理下项目利润率不能达到设计利润率，政府应该提供相应的补贴以达到最低利润率。

2. 私人投资者

私人投资者也是项目的主要参与人。一般而言，私人投资者是项目的发起人和主要执行者。私人投资者通过投入一定的资金成为项目股东。在政府项目建设中，私人投资者在项目建设管理中具备良好的经验，投资效率很高。政府通过权利的下放，以发挥私人投资者在项目建设和经营中的组织作用。私人投资者通过对项目的建设、管理和运营获取收益。由于政府项目运营具有期限长、投资大、风险大的特点。参与项目中的私人投资者往往是具有很高资信的机构。如资金实力强大的集团公司、跨国财团等，有时也可以是几个私人投资者出资组建的投资集团。私人投资者往往是项目风险的管理者。由于项目建设和运营中项目面临诸多风险，对风险进行专业化管理非常重要。私人投资者在该领域往往具有非常丰富的管理经验，在日常管理中建立了完善的风险管理制度，同时私人投资者具有项目建设的领先技术，因而政府往往把私人投资者具有管理优势的风险转移给私人投资者，以便发挥其在风险管理中的重要作用。

20世纪90年代后各地开始利用地方政府融资平台融资，由于当时国内资金缺乏，因而吸引了大量国外资金。如上海地铁1号线建设，利用了德国政府提供的贷款资金。随着国内经济的发展，社会资金的不断充裕，国内民间资金逐渐进入政府项目建设领域，但是所占比例一直比较低。

3. 金融机构

金融机构是商业性资金供给的主体。地方政府项目建设所需资金除了直接来源于政府、私人投资者外，大部分来源于商业银行等金融机构。金融机构向项目提供资金支持和信用担保。向项目建设提供资金支持的金融机构包括商业银行、信托机构，此外，还有国外金融机构、贸易信贷指定银行等。同时，地区政策性金融机构也是项目建设资金的重要来源。比如，国家开发银行信贷资金主要投向国家大型重点项目建设，有力支持了国家大型基础设施项目建设。

此外，根据项目资金需求数量及金融机构的资金投放意愿来确定参加项目建设的金融机构数目。由于项目建设的资金占用时间长、投资回收期长，因而金融机构对于项目贷款往往顾虑比较多。1998年亚洲金融危机后，商业银行对于基础设施建设贷款大多持犹豫态度，而且当时我国金融改革未深入，国有商业银行贷款力量比较薄弱，资金实力不雄厚，而且自身坏账比较多。直到2003年国有商业银行改革启动后，通过国家注资及上市国有及股份制银行力量不断壮大，商业银行抗风险能力增强。2009

年金融危机后，商业银行向项目提供大量贷款成为可能。在1998年亚洲金融危机后，国家启动了积极财政政策，发行特别建设国债筹集资金用于基础项目建设，连续发行7年，累计发行9100亿元，大量用于地方政府基础项目建设，截至2002年共完成24600亿元投资。此外，国家开发银行在此期间累计发放贷款13700亿元。显然，我国在两次金融危机后启动了积极财政政策，兴建的大量基础设施项目基本采用国家财政资金加上配套资金进行。1998年亚洲金融危机后的配套资金主要来源于国家开发银行的贷款。2009年以后，由于国家开发银行商业化运作，在基础项目建设上的贷款功能有所弱化，配套资金主要由商业银行提供。

4. 承建商

承建商是项目建设的具体实施者，是具有建设资质的法人通过项目公司招标而参与到项目中的。承建商通过完成项目建设取得收益，在建设中出现的施工方面的风险应该由承建商承担。

5. 运营商

项目建成后，运营商对项目进行管理和维护，在项目运营中具有丰富的管理经验。项目公司通过对运营商的招标确定运营商，运营商的管理水平对于项目运营中的成本具有重要的影响。

6.4 风险分担机制的机理

6.4.1 风险匹配机制

公共项目建设引入其他资金的基础在于完善的金融市场及其机制。投资者和筹资者（政府）是金融市场中对立的双方，两者对立的经济利益、一致的利益冲动在竞争的外部环境中产生均衡价格，实现资金的供求的均衡。

1. 商业性资金投资者对收益和风险的权衡

经济学认为投资者行为的规律是收益最大化和厌恶风险，两者的综合反映为追求效用最大化。交易主体追求的是收益最大化，然而由于高收入伴随高风险，因此，投资者在所能接受的风险下寻求能够接受的高收益，或者在收益足够高时才会冒险，从理论上讲，金融市场中投资者的效用是权衡风险和收益的结构。公共项目建设的投资者利用公共项目预期收入的波动来估计风险，在收益水平相当的时候会选择低风险，而在风险水平较低时偏好于收益较高的投资项目。从投资角度看，任何一项投资都具有风险，只是风险发生的概率不同而已，因此作为投资者在投资时就具有风险意识。风险产生于未来收益的不确定性，有些情况下，可能会发生损失。与风险相对应的就是收益，它是投资者资金运用所获得的报酬。金融市场资金融通得以存在的微观基础是风险与收益的均衡机制。

私人投资的收益。如果从微观角度分析，CAPM 模型（资本资产定价模型）很好地说明了投资中的风险与收益匹配问题。资本资产定价理论认为，一项投资所要求的必要报酬率取决于以下三个因素：（1）无风险报酬率，即将国债投资（或银行存款）视为无风险投资；（2）市场平均报酬率，即整个市场的平均报酬率，如果一项投资所承担的风险与市场平均风险程度相同，该项报酬率与整个市场平均报酬率相同；（3）投资组合的系统风险系数即 β 系数，是某一投资组合的风险程度与市场证券组合的风险程度之比。CAPM 模型说明了单个证券投资组合的期望收益率与相对风险程度间的关系，即任何资产的期望报酬一定等于无风险利率加上一个风险调整，后者相对整个市场组合的风险程度越高，需要得到的额外补偿也就越高。这也是资产定价模型（CAPM）的主要结果。用公式表示资本资产定价模型如下：

$E(R_p) = R_f + \beta[(E(R_M) - R_f]$ 其中 $\beta = \text{cov}(R_i, R_m)/\text{var}(R_m)$，$E(R_p)$ 表示投资组合的期望收益率，R_f 为无风险报酬率，$E(R_M)$ 表示市场组合期望收益率，β 为某一组合的系统风险系数，CAPM模型主要表示单个证券或投资组合同系统风险收益率之间的关系，也即是单个投资组合的收益率等于无风险收益率与风险溢价之和。

尽管CAPM模型较多应用到证券投资领域，但对于整个投资领域都具有重要的理论和现实意义。实际上投资收益是资金参与公共项目建设的激励因素，在同等条件下，如果项目的投资回报越高，投资者将更愿意参与到公共项目建设中去，那么项目吸引的投资将会越多；反之收益率较低那么就很难吸收资金。项目建设的收益也可以分解为两部分：一部分是无风险收益，另一部分是风险溢价收益。无风险收益率是指把资金投资于一个没有任何风险的投资对象所能得到的收益率。一般会把这一收益率作为基本收益，再考虑可能出现的各种风险。无风险收益率作为在理论上计算风险收益的参照，具有重要的意义。理论上讲，无风险收益率的大小由纯粹利率（资金的时间价值）和通货膨胀补偿率两部分组成。实际上无风险收益率是资金参与项目建设的最低要求，对于理性的投资者而言，如果低于无风险收益率投资将没有价值，实际上无风险收益率也是投资者的机会成本，是参与其他投资的最低收益，也是参与公用项目建设的临界点。收益的另一部分是风险溢价收益，即是追求风险带来的收益。

私人投资的风险。公共建设项目面临许多风险，包括很多种类。其风险可以按照建设过程分为两类。一类是建设中的风险，例如，包括项目资金缺乏而导致的建设风险，项目建设中的政府问责风险，即由于决策原因或者经济调控原因造成的项目下马，还有建设中的施工中的风险；另一类是建设后的运营风险，主要指项目收益很难达到设计标准或者维护费用过高，或者产生人力以外的损失，如自然因素等不可控原因造成的风险。此外，还可以根据风险形成因素分类。由此可见属于准公共产品范畴的公共项目建设面临多种多样的风险。如国家电力公司投资、借款、担保、大额采购和重大股权变动项目 6818 个，有损失或潜在损失的项目 631 个，金额 78.4 亿元，其中因个别领导人违反决策程序或擅自决策造成损失或潜在损失 32.8 亿元，占 42%。公共建设项目风险可能会给投资者造成损失，因此建设项目收益除无风险收益外，应该给投资人带来额外的收益来弥补投资者可能造成的损失。这样公共建设项目的收益包含风险溢价收益是合情合理的。

2. 政府筹资者对成本和风险的权衡

按照金融学理论，筹资者和投资者处于相对立的地位，投资者的高收益就是筹资者的高成本，筹资者决策思路与投资者相反，它所追求的是低成本和低风险。所谓筹资者的成本即是筹资成本包括资金筹集费用和资金占用费用，资金筹集费用是筹资过程中所发生的管理费用，是一次性支出，而资金占用费用是资金使用过程中，对资金所有者的补偿，包括利息和股票的股利等方面。实际上，政府作为公众的代理人，集中公众资金进行投资，且对项目进行管理，公众对政府是一种授权。如果公众作为筹资者，毫无疑问在本质特征上同金融学理性人的假设是不会矛盾的，因而政府行为应该体现公众作为理性人追求成本最小和风险最小的特点。

大多数公益公共项目属于准公共产品范畴，既具有公共产品的特点，同时又具有一般产品的特征。就单个消费者来看，这种产品具有一定排他性或竞争性，然而同一般产品相比，从整个社会层面来看，这类产品往往具有提高社会整体福利的特性。如机场设施对于单个旅客而言，享受了航空旅行的候机服务，而且航空服务与预期提供的停机服务等密切相连，因而具有明显的私人产品倾向，但是航空业是一个国家的重要行业对国民经济发展具有重要的作用，而且出行服务也是一种政府必须提供给公众的公共产品，只不过是多种多样服务，根据经济发展水平有所选择而已。此外，这类基础设施本身特点也决定了应该主要由政府提供。通常情况下，项目的建设周期相对较长、投资较大，投资回收期较一般项目长。社会公益项目的本质属性在收益、风险方面也具有独特的特点。

准公共产品的收益。从收益上看，地方政府资本支出性项目不是为了盈利，而是保障社会公众基本需求的需要，同商业性项目追求盈利的目标不一样。由于准公共产品性质，因此投资需要由消费者分担，逐步收回投资，进而进行下一批公共项目建设，从而形成良性的可持续发展。同时，这种“谁受益，谁购买”的思路有利于积累项目的维护资金，加强了项目的维护，而避免了纯公共产品产生的“公地的悲剧”局面。商业性项目追求的盈利来源于个人独特的需求，并非公共需求，是一种差异化需求。个人为了享受独特的非基本的服务，而愿意支付购买，这种货币支付形成了商业项目的收入来源。商业性项目收入制约于定价与成本的差，受到市场规律的支配。价格过高，那么需求减少，价格过低，不能弥补成本。因此，商业项目的收益取决于定价，必需按照市场规律办。反之，准公共产品的供给是政府行政规律所决定的，是政府政治伦理及道义所赋予的一种职责，其定价也基本上由行政规律决定，比如开展公众听证等方式来定价等。实际上在现实中，准公共产品是纯公共产品同商业产品相结合出现的。在我国铁路作为一种基本的交通形式，本身意义上来讲是公众出行的一种公共产品，如果作为一种纯公共产品，它只需要具有交通功能就行了。然而实际上很难把这种准公共产品的纯公共服务性质部分分割开来，只有当这种交通工具失灵，不能为公众提供服务时这种纯公共产品属性才会凸显。实际上，火车交通服务是同商业服务结合在一起的，这是准公共产品的一个明显特点。火车提供不同的等级服务，有座位、硬卧、软卧，甚至是专列。这是一种个性化的商业服务，不同的服务针对有不同需求且具有不同购买力的人群。这种服务已经超越了纯公共服务的范畴。因而这种差异化的服务已经构成商业服务的一部分，消费者的支付构成了商业收入的来源。此外，在火车上还可以提供购物及餐饮服务，这种服务本身也不具有公共产品的性质。因此，本书认为，准公共产品在现实中是以同商业性产品相结合的形式出现的。在收益上一部分用于弥补准公共产品本身的投资，另一部分附属产品（表现为差异性需求）就属于商业性收益。

准公共产品风险分析。对于准公共产品而言，微观角度的风险在于假设及运营风险，这类微观风险如果不加以管理很可能上升为更高层次的风险即宏观层面风险。宏观层面风险指地方政府行政论理所必须承担的公共风险，比如群体性事件风险，从财政角度来看即是财政风险。所谓财政风险是专指财政领域中因各种不确定因素的综合影响而导致财政资金遭受损失和财政运行遭到破坏的可能性。因此，微观风险和宏观风险是相互关联的。微观风险容易向上传导，形成宏观风险。例如，某市在地铁施工中，由于对地质层性质的调查不够，在施工过程中地层下陷，最后造成了 3 名工人死亡、5 名工人受伤的事件。事件发生后当地政府先后垫款 110 万元用于死伤者的赔偿和救治。这种突发性事件由施工中的风险造成，尽管由施工单位负责，但是政府担当第二责任人。这种微观风险造成的财务风险不应该由政府全盘兜底，不能升级为政府的财政风险，之所以出现了这样的情况原因在于政府同出资方的责任分担不明，未形成风险分担契约。实际上，从收益上来看，准公共产品的收益包含商业性收益，因而按照收益对等原则应该承担相应的风险。

6.4.2 风险分担的协商机制

项目风险分担一般可以划分为三个阶段：风险识别阶段、风险谈判阶段、风险跟踪和再分配阶段。其中第二个和第三个阶段都包含风险分担协商过程。所谓风险分担协商就是项目参与各方在风险动态变化和发展过程中通过协商达成风险分担的协议。可见风险分担协商是风险分担的核心环节，各方在自愿的基础上，对自身承担的风险的收益以及成本，同时对风险管理能力做出自我评价。在此基础上，把承担风险的意愿上升到书面协议的形式。地方建设项目处于动态的社会经济环境中，项目寿命比较长，相互间的目标存在冲突，同时项目所面临的风险也可能随时发生变化和转化。因而事前很难对风险及其发展情况做出精确的估计，从而在出现新风险时需要各方协商。

在风险谈判阶段，各方参与者本着利益最大风险最小的原则，进行讨价还价的协商。在此基础上，考虑各方对待风险的态度和拥有的资源，然后进行分配。此时绝大部分风险是双方控制力之外的风险，所以结果主要是共同承担。政府部门为了吸引私人方的参与，往往会做出让步。而整个谈判过程实际上是一种博弈过程，也是双方互相让步的结果。在初步达成风险分担意向后，私营部门对其进行评估，判断其对公共部门转移给它的风险是否有控制力，结合承担风险能力进行考虑。

在风险跟踪和再分配阶段，由于项目的寿命周期长，面临的环境复杂，因此需要对风险进行再认识和再分配。比如，某条高速公路采用项目融资的方法修建，如果运营几年后，该路线出现了铁路的竞争，则将出现收益下降、利润降低的风险，此时需要对竞争所带来的风险进行识别，在运营上做出相关竞争策略，但是如果结果导致亏损，那么也将由各方分担损失。经过风险分担谈判，风险在参与者之间进行分配。如图 6－1 所示，如有四个参与者，那么其承担的风险用不同深浅颜色表示，有些风险由各方单独承担，有些由双方承担，三方承担，甚至共同承担，承担的大小由各方协商决定。

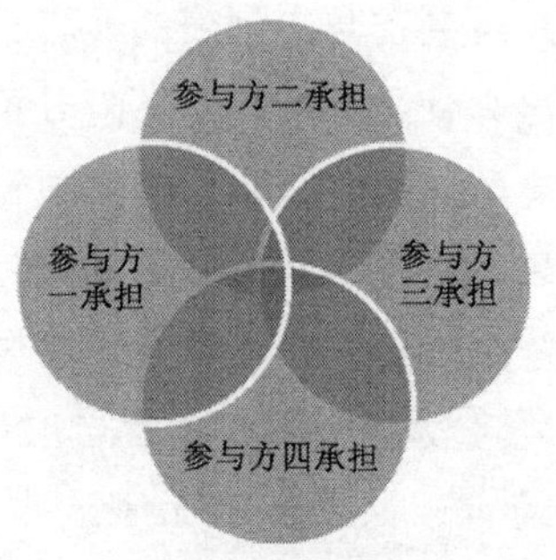

图6－1　风险在承担方的分配图示

6.5　小　　结

从不同视角看，风险分担机制有不同的含义，金融体系的风险分担就是通过投资者的金融活动将经济中的风险在不同投资者之间和同一投资者的不同时期之间进行分担，从而达到风险配置的最优化。金融部门的核心功能之一就是通过不同参与者来分担风险，金融中介所创造的价值主要是通过分散风险使成本得以最小化。从公共财政角度看，政府和公民之间是一种委托代理关系。那么这种公共风险是由公众通过税收方式积累资金，以分担掉相关的风险，其分担主体数目众多，来源面比较广。这种风险分担集中体现了财政的特点，集众人之财，办众人之事。目前项目建设运营风险完全由政府承担，这样造成了地方政府的或有负债大量转变为实际负债，增加了政府的财政压力，违背了金融市场风险与收益匹配的原则。本书认为政府融资风险分担机制是指政府在准公共产品的提供过程中风险与收益匹配的情况下，按照风险分担方的契约约定，在建设项目产生风险时，通过引入相关市场机制，损失由多个利益相关方共同承担风险的制度安排。风险分担机制是地方政府融资制度创新的核心，也是财政风险的防火墙，有利于完善混合领域的管理。风险分担的基础在于投资者与筹资者收益与风险的匹配与权衡，建设项目的收益也可以分解为两部分，一部分是无风险收益，另一部分是风险溢价收益。无风险收益率是指把资金投资于一个没有任何风险的投资对象所能得到的收益率。无风险收益率是资金参与项目建设的最低要求，对于理性的投资者而言，如果低于无风险收益率投资将没有价值，实际上无风险收益率也是投资者的机会成本，是参与其他投资的最低收益，也是参与公用项目建设的临界点。收益的另一部分是风险溢价收益，即是追求风险带来的收益。

风险分担协商是风险分担的核心环节，各方在自愿的基础上，对自身承担风险的收益以及成本，同时对风险管理能力做出自我评价。在此基础上，把承担风险的意愿上升到书面协议的形式。地方建设项目处于动态的社会经济环境中，项目寿命比较长，相互间的目标存在冲突。同时项目所面临的风险也可能随时发生变化和转化。因而事前很难对风险及其发展情况做出精确的估计，从而在出现新风险时需要各方的协商。谈判阶段，各方参与者本着利益最大风险最小的原则，进行讨价还价的协商。在此基础上，考虑各方对待风险的态度和拥有的资源，然后进行分配。此时绝大部分风险是双方控制力之外的风险，所以结果主要是共同承担。政府部门为了吸引私人方的参与，往往会做出让步。而从整个谈判过程实际上是一种博弈过程，也是双方互相让步的结果。在初步达成风险分担意向后，私营部门对其进行评估，判断其对公共部门转移给它的风险是否有控制力，结合承担风险能力进行考虑。

第 7 章

财政资金可持续介入下的风险分担机制与融资方式创新：以 PPP 模式为例

随着市场改革的深入，公共产品的提供方式发生了明显变化，特别是对于准公共产品，出现了政府和私人合作的提供方式。从国外看，政府和市场合作提供准公共产品成为趋势。从融资角度看，这种合作模式下的融资具有明显的政策性意图，实际上属于政策性融资。本书认为通过完善风险分担机制进行融资模式创新，开拓政府与商业性资金合作领域，吸引更多的资金进入到政策性融资领域，对于缓解当前地方政府融资风险压力，具有重要的理论和现实意义。这也是地方政府所面临的前瞻性问题。本章从微观角度出发，探讨项目融资模式创新中的风险分担问题，并分析 PPP 模式下的风险分担机制。

7.1　财政资金可持续介入机制运作模式

地方政府基础设施项目属于准公共产品，离不开地方财政资金的投入。如果这些项目没有地方政府资金的支持那么将不可能吸引到私人投资的加入，在我国现实基础上，本书拟提出基础设施项目建设金融中介融资模式。

7.1.1 地方政府财政资金可持续介入方式

1. 财政资金入股

政府通过出资设立具有政府背景的实体组织，由该组织作为项目的发起人，然后引入私人投资，共同分工建设、管理项目。一般而言政府出资的目的在于成立公司制组织，充分利用公司制度约束政府资金的运行，提高经营管理效率。而传统项目建设全部由政府出资，通过成立事业单位性质的机构进行管理，造成管理效率较低。管理上倾向于行政方式管理，项目同政府具有千丝万缕的关系，在没有激励与约束机制下，项目很容易亏损。财政资金弥补这些亏损，往往成了无底洞。引入公司制管理模式后，不但能争取到民间资金，同时引入了私人投资者成熟的管理模式与经验，管理效率明显提高。同时，政府以出资额对项目承担责任，切断项目运营对政府的依赖关系，形成了自主经营、自负盈亏的实体。财政资金直接用于设立公司实体的资金数额，取决于项目建设的规模。建设项目规模越大，投资越多，政府投入越多，反之越少。同时，项目自身对私人投资的吸引力也影响政府投入，如果项目吸引不到大量资金，那么政府相应出资份额就大。此外，项目的重要性也会影响到政府资金投入，如果项目比较重要，政府认为必须政府控股时，那么政府的出资份额相应较多。

2. 财政补贴

财政补贴是一种常用的政策性资金介入方式。财政补贴可以起到撬动资金投入的作用。财政补贴可以分为贴息和直接补贴。对于建设项目投入资金大、投资回收期长、投资风险大的项目，政府为了吸引私人投资，往往对商业银行贷款进行贴息，降低私人投资的资金成本。财政贴息是一种隐蔽的政府补贴形式。在具体操作中，政府可以将贴息资金直接下拨给私人投资者或者拨给相关银行，由贷款银行以优惠利率向项目提供贷款。

在项目的运营过程中，由于公共产品定价较低造成项目所有者的收益低于资金平均报酬率或者亏损的，财政直接补贴给受益人资金是一种转移支付方式。这种方式有利于稳定物价，协调项目运营中的利益矛盾，保护生产经营者和消费者的利益。比如，由于油价同国际油价接轨，我国燃油税改革后，炼油企业出现大面积亏损。中央财政先后多次补贴炼油企业，2005 年、2006 年分别补贴 100 亿元和 50 亿元。

3. 税收优惠

税收优惠①是指根据国家一定时期的政治、经济、社会政策要求，对生产经营活动中的某些特殊情况给予减轻或免除税收负担。对应征税款依法减少征收为减税；对应征税款全部免除纳税义务为免税。

为推动 PPP 模式的发展，财政部先后出台《财政部关于印发政府和社会资本合作模式操作指南（试行）的通知》（财金〔2014〕113 号）、《国务院关于加强地方政府性债务管理的意见》（国发〔2014〕43 号）和《财政部关于推广运用政府和社会资本合作模式有关问题的通知》（财金〔2014〕76 号），以上政策的出台，充分证明政府对公共经济领域中公私合作方向的重视与肯定，鼓励社会资本参与提供公共产品和公共服务并获取合理回报，大力推广项目融资的 PPP 模式。在 PPP 经营期内，经营结束期都做出企业所得税、增值税等相关规定。

在经营期内，所得税享受“三免三减半”的政策。《国家税务总局关于实施国家重点扶持的公共基础设施项目企业所得税优惠问题的通知》（国税发〔2009〕80 号）的规定，投资企业从

① 参见 http：//mt. sohu. com/20160731/n461922735. shtml

事《公共基础设施项目企业所得税优惠目录》规定的港口码头、机场、铁路、公路、城市公共交通、电力、水利等项目。从事公共污水处理、公共垃圾处理、沼气综合开发利用、节能减排技术改造、海水淡化等符合条件的环境保护、节能节水项目的所得，自项目取得第一笔生产经营收入所属纳税年度起，第一年至第三年免征企业所得税，第四年至第六年减半征收企业所得税。新办国家重点扶持的公共基础设施项目和从事符合条件的环境保护、节能节水项目享受税收优惠的开始时间为：第一笔生产经营收入。投资抵免企业所得税：专用设备投资额的10%抵免当年企业所得税应纳税额。经营期间涉及股利分配，如果项目公司是境内居民企业间分配股利，免征企业所得税；境内居民企业分配股利给自然人股东，需代扣代缴20%个人所得税。如果项目公司有境外股东，跨境分配股息给境外非居民企业，一般适用10%的预提所得税，如果境外非居民企业与中国间有签订双边税收协定，在符合一定条件下能够适用税收协定安排下的优惠预提所得税税率。

从事PPP项目中的污水处理、垃圾处理和风力等涉及资源综合利用和环境保护的项目，可以享受以下增值税优惠政策：

销售自产的再生水免增值税。《财政部、国家税务总局关于资源综合利用及其他产品增值税政策的通知》（财税〔2008〕156号）第一条第（一）项规定：销售自产的再生水免增值税。其中所谓的再生水是指对污水处理厂出水、工业排水（矿井水）、生活污水、垃圾处理厂渗透（滤）液等水源进行回收，经适当处理后达到一定水质标准，并在一定范围内重复利用的水资源。再生水应当符合水利部《再生水水质标准》（SL368—2006）的有关规定。

污水处理劳务免征增值税。根据《财政部、国家税务总局关于资源综合利用及其他产品增值税政策的通知》（财税

〔2008〕156号）第二条规定，对污水处理劳务免征增值税。污水处理是指将污水加工处理后符合GB18918—2002有关规定的水质标准的业务。

垃圾处理、污泥处理处置劳务免征增值税。《财政部、国家税务总局关于调整完善资源综合利用产品及劳务增值税政策的通知》（财税〔2011〕115号），对农林剩余物资源综合利用产品增值税政策进行调整完善，并增加部分资源综合利用产品及劳务适用增值税优惠政策。其中，与垃圾处理有关的PPP项目运营有关的税收优惠是：对垃圾处理、污泥处理处置劳务免征增值税。

为了鼓励私人投资者对重点基础项目建设投资，我国2008年实施的《中华人民共和国所得税实施条例》规定企业从事国家重点扶植的公共基础设施项目的投资经营所得，自项目取得第一笔收入所属纳税年度起，第一年至第三年免征企业所得税，第四至第六年减半征收企业所得税。根据《中华人民共和国企业所得税法实施条例》第八十七条规定：企业所得税法第二十七条第（二）项所称国家重点扶持的公共基础设施项目，是指《公共基础设施项目企业所得税优惠目录》规定的港口码头、机场、铁路、公路、城市公共交通、电力、水利等项目。企业承包经营、承包建设和内部自建自用本条规定的项目，不得享受本条规定的企业所得税优惠。

4. 政策性融资担保

所谓政策性融资担保是指政府为了解决相关融资主体融资难的问题，而成立具有政府背景的担保公司，利用市场增信机制，向融资主体提供增信服务的行为。一般而言政策性融资担保在难以依靠市场担保机构担保的领域发挥作用。由于融资主体融资风险大，然而对于经济社会影响巨大，市场中介按照市场规律难以分担这种风险。由政府成立的担保机构在政府政策性资金的支持下，按照市场评级、增信规律对融资主体的风险分担规避作用。

目前，我国成立了数以千计的政策性担保公司，为中小企业融资发挥着重要的担保作用，然而，由于规模偏小资金不足制约着发挥更大作用。中国银行业监督管理委员会、国家发展和改革委员会、工业和信息化部、财政部、商务部、中国人民银行、国家工商行政管理总局2010年3月颁布了《融资性担保公司管理暂行办法》，以加强对融资性担保公司的监督管理，规范融资性担保行为，促进融资性担保行业健康发展，对融资性担保的业务范围、风险控制进行规定。

7.1.2 财政资金介入的基础设施融资模式

1. 基础设施融资模式意义

从国际经验来看，利用财政资金的介入，成立政策性金融机构是形成公共部门和私人投资在公共项目建设中的良好合作关系（PPP模式）的基础。例如，菲律宾建立了地方政府担保公司（LGUGC），向供水、电力、可再生能源技术研发经济实体提供担保，同时政府担保公司内部具有完善的评级系统，采用国际接受标准向政府或者私人投资者提供风险参考。该机构与商业评级机构不同，由政府和私人投资共同发起，以促进政策性项目建设和投资中的风险监管为目标。LGUGC成立以来，对于菲律宾基础设施及政策性项目建设发挥了巨大作用。

公共项目要追求政策性目标，不是简单的市场机制本身，靠投资回报这样的微观的一般机制可以解决资源配置问题。政府在这方面必然是追求超越微观主体成本效益分析眼界的综合效益、社会效益、发展后劲、正的外部性。这样一些政策性融资要达到目标必须附加的追求，没有一个政府公共财政体系下财政资金的可持续介入机制，实际上无法形成逻辑链条中间实际运行的机制构建的（贾康，2009）。

因而，成立财政资金介入的基础设施项目融资模式具有重要意义：在财政资金可持续介入下，使得市场资金跨越原来所不能翻过的坎，在利用市场机制的基础上，综合发挥市场在资源配置微观领域的优势。

2. 基础设施融资模式的运作模式

政府作为主要的出资人成立由政府控制的金融中介机构，专门面向基础设施建设提供融资服务。实际上，在对投融资平台的整顿过程中，中央政策鼓励地方政府进行金融创新，以满足地方政府阳光化融资的需要。2009 年 3 月，中国人民银行和银监会联合出台了《关于进一步加强信贷结构调整促进国民经济平稳较快发展的指导意见》，鼓励地方政府通过设立合规投融资平台等方式吸引银行贷款，并支持有条件的地方政府组建投融资平台，通过债务工具直接融资。

（1）政策性金融中介机构定位。政策性金融中介机构的构建是地方政府为基础设施融资出资成立的政策性金融机构，是地方政府的行为。与投融资平台比，两者的目标一样，但是后者是融资的壳公司，作为一个融资主体，利用与地方政府的关系，凭借地方政府在市场中的超强势地位而直接获得融资。前者，性质上属于金融中介机构，尽管自身需要融资但是凭借市场机制获得资金，与政府的关系在于政府出资或接受政府财政补贴，自身是独立的运行实体，参与地方政府项目融资的运作，按照市场机制运行。金融中介机构的意义在于促成政府项目融资而非代替其融资。政策性金融中介机构不以单纯盈利为目标，从社会公共利益出发为基础项目融资提供帮助，或者向其提供长期低利率贷款。

（2）运作模式。地方政策性金融中介机构可以划分为三类：第一类是政策性银行，第二类是政策性融资保险机构，第三类是政策性融资担保机构。这三类政策性金融中介机构，各司其职，独立经营，收取一定比例的服务费用。政策性银行可以直接向项目提供贷款，包括政策性评级机构，可以按照市场规则对项目进行评级，评级结果必须具有客观性。在运作模式上分为评级、增信、贷款、监管等阶段。

首先，地方政府出资成立政策性金融中介机构，包括政策性银行、政策性保险及政策性担保机构。其中地方政策性银行资金除一部分来源于财政资金外，其他通过企业注资或商业银行注资获得，也可以发行政策性金融债券获得充裕资金。由项目发起人向地方政策性银行申请贷款，由地方政策性银行对项目进行评估，主要评估项目的价值、项目投资、项目运营的风险以及发起人的信用状况，在此基础上做出项目客观评级（见图 7－1）。

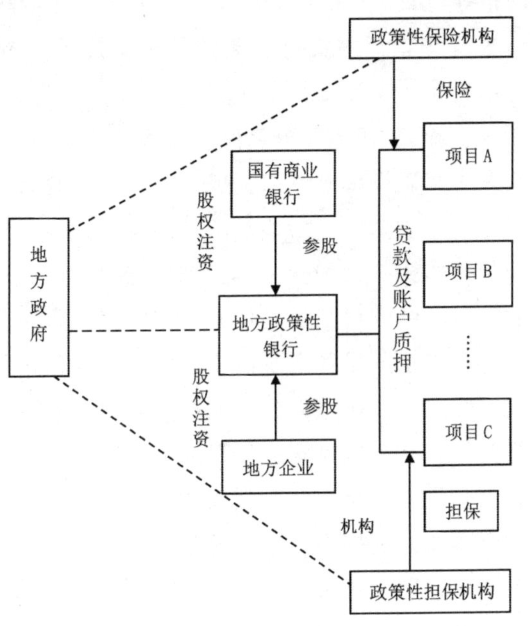

图 7－1　政策性金融中介机构运行模式

其次，项目评估结果通知给项目发起人，如果项目评级很低，并无建设必要，那么将放弃项目建设。如果项目评估结果可以建设，那么通过政策性担保机构和保险机构进行增信。这种增信也是建立在市场基础上的，如果增信不成功，那么项目将不予建设。在项目增信成功的基础上，项目获得建设资格。

再次，地方政策性金融机构根据贷款需求及评估、增信结果发放贷款。贷款发放后，项目在地方政策性银行建立专门账户，对项目营业收入进行管理以偿还贷款。

最后，在项目运营过程中，政策性金融中介机构依靠市场纪律对项目运行情况进行监管，随时了解项目的财务状况及风险情况。金融中介机构靠提供融资服务获得收入，并能取得盈利，如果由于无法控制风险发生亏损财政资金可以给予部分补贴。政策性金融机构按照市场机制运行，同时承担项目建设中的风险。

7.2　融资方式创新下的 PPP 融资模式风险分担

7.2.1　地方政府 PPP 融资创新的意义

地方政府成立投融资平台，向银行借款是地方政府融资的主要方式。实际上金融危机以来，信贷投放以 20% 左右的速度增长，仅 2009 年 6 月信贷总量就达到了 1.53 万亿元，其中一半以上流向了地方政府融资平台。

发行城投债是地方政府融资平台融资的另外一个重要方式，主要用于筹集资本金。金融危机后，城投债发行呈现井喷，地方政府调动各种资源以建立符合条件的发债主体。各种优质资源装入到融资平台的壳里，而城投债规模不能为地方政府提供大额的融资。按照《国务院关于固定资产投资项目试行资本金制度的通知》，从 1996 年开始，对各种经营性投资项目，包括国有单位的基本建设、技术改造、房地产开发项目和集体投资项目，试行资本金制度，投资项目必须首先落实资本金才能进行建设。因而，筹措资本金是地方政府融资面临的第一道坎。在中央放松债务资金作为资本金的约束下，地方融资平台通过城投债的方式取得了资本金。这样城投债使得政府融资平台得以在资本金约束下运行，绕开资本金限制。

可见，政府融资与融资平台为载体，过分依赖于平台。从投融资体制的发展历程看，投融资平台是改革开放初期阶段为了绕开投融资体制改革滞后而暂时存在的一种权宜手段，本书在第5章分析了地方融资平台所产生的风险。因而，地方政府融资必将回到制度化阳光化的轨道上来。

首先，加强地方政府融资创新可以改变融资制度滞后的局面，融资减少对融资平台依赖，变短期的权宜手段及非常规手段为规范、常规手段，从而促进地方政府融资的可持续发展。其次，拓展地方政府资金来源渠道，通过融资创新发展除银行贷款、发行债券的传统方式外的其他融资方式如PPP模式及相关政策性融资模式。从某种程度上讲，融资模式实际上也是一种管理模式，通过融资进而引入管理模式，不但能提高政府公共产品提供的效率，而且能促进政府管理模式的转变。再次，可以缓解地方政府资金困难问题。地方政府的政策性支出随着改革的深入不断增加，这是同瓦格纳定律相一致的。实际上，近年来我国地方政府资金缺口不断增大。融资模式创新可以有效地利用市场闲置资金满足政策性资金支出的需要。最后，有利于市场机制与行政机制的对接。市场机制具有高效性、灵活性、自发性等优点，但是也具有盲目性的缺陷，市场失灵在发达的市场体系下也是常见的现象。有效的政府干预往往能避免市场缺陷，保障市场的稳定运行，达到单靠市场不能达到的目标。在准公共产品领域，在政府的主导下，充分发挥市场的有效性，引入市场资金无疑具有重要的理论意义与现实意义。

近年来，在政府再造的公共管理运动中，政府融资模式不断创新，PPP模式是一种较为流行的创新融资方式，在我国PPP模式刚起步，本节以PPP模式下的风险分担机制为例证分析政府融资创新下的风险分担机制构建。

7.2.2 PPP融资模式概述

随着PPP模式的不断发展演变，PPP模式的概念范畴也不断演变进化，目前关于PPP尚没有一个公认的定义。联合国培训研究院（United Nations Institute for Training and Research）认为PPP是一个广泛的范畴，只要是不同社会系统倡导者之间能够产生的所有制度化合作方式，都属于PPP模式。典型的PPP实质上是为满足公共产品需要而建立的公共和私人发起者之间的各种合作关系，也可以理解成公共部门和私营部门建立伙伴关系进行的大型公共项目的实施以满足公共需要。美国PPP国家委员会（National Council for PPP，USA）认为PPP是介于外包和私有化之间并结合了两者特点的一种公共产品的提供方式，它以提供相关服务以满足公共需要为目标，充分利用私人资源及在管理效率上的优势，对公共基础设施进行设计、建设、投资、经营和维护。本书认为PPP其本质上是指利用私人或私营企业资金、人员、技术和管理优势，向社会提供长期优质公共产品和服务。不仅是一种项目融资模式，更是一种项目管理模式。PPP不同于私有化，公共部门扮演着重要角色以保证公共利益的最终实现：作为服务的主要购买者，或作为项目实施的法定控制者；PPP也有别于买断经营，买断经营方式中私营部门受政府的制约很少，是比较完全的市场行为；与公共项目传统的发包承包相比，PPP中私营部门还要负责融资和经营。

PPP模式大体上可以分为三类：

（1）私营部门经济上自立的项目（Free - standing projects）。公共部门从规划的角度确定对项目的要求，并向私营部门授予特许经营权。私营部门完全依赖向使用者的收费回收投资、赚取利润，项目最终是否移交政府取决于采用 BOT 或 BOO 的方式。

（2）合资经营（Joint ventures）。公共部门和私营部门共同出资、分担成本，其中公共部门的出资方式可以包括提供特许贷款（Concessionary loans）、参股和固定资产入股等，或上述方式的结合。私方伙伴通过竞争方式产生，对项目拥有主导控制权。双方的风险分担机制应提前明确，并遵守风险与收益对等原则。项目的成本回收和利润创造仍然依赖向使用者的收费来实现。

（3）向公共部门出售服务（Services sold to the public sector）。由私营部门融资、建成项目并提供服务，费用补偿（包括成本和利润）依靠向公共部门的收费。此处公共部门指政府和/或使用单位（如学校和监狱等），按一定比例缴纳费用。

7.2.3 PPP 模式下的风险分类

PPP 模式下的风险可以分为两类：总体风险与项目风险。所谓总体风险是指项目建设环境所带来的风险，而项目风险指项目建设或运营中的或者微观环境所产生的突发风险。

1. 项目风险

主要包括项目建设地质问题、天气状况、技术设计问题、设备与材料问题、人力资源问题、合同所带来的细小问题以及环境污染问题等等。可以把这些风险分为以下类别：

（1）发起风险。指参与项目初期阶段所产生的风险，如不能中标，在初期各种花费如咨询费、调研费等都将打水漂，同时由于政府项目审批复杂，可能导致不能中标，这种风险就是发起风险。

（2）信用风险。由于特别委托人（SPV）依赖于项目运营中的现金流，而政府支付是在完成其设计情况下的购买，因而政府信用将对私人投资者产生重要的影响。

（3）建设风险。指建设过程中所产生的风险，如工期拖延、成本超支、项目投产后达不到设计时预定的目标、不能按期投产或达不到生产指标，从而导致生产必需的现金流不足以及不能按时偿还债务等。

（4）运营风险。运营风险也叫生产风险，主要指在投产运营阶段存在的各类风险，如技术风险、运营管理风险以及市场风险等。技术风险主要指技术不可靠或由于施工和设备质量不过关而引起的生产故障。最重要的措施还是要在设计施工阶段做好防范。运营管理风险主要指运营过程中的各项管理工作可能出现的风险，包括生产管理、技术管理、安全管理和维护管理等。项目产品的市场风险主要涉及两个问题：即产品的价格和供应量，需要对此做出市场需求分析。除非项目公司在签订特许权协议时得到承诺，即在项目建成后由政府以一个合理的价格将其产品全部收购，否则就可能遇到原材料和燃料价格上涨从而导致生产成本上涨，或因供应和需求的原因导致产品价格下降或售不出去等。

2. 总体风险

（1）政治风险。政治风险主要指本国内部和外部的政治状况和政局稳定性，政府对PPP项目的支持程度，有无可能没收项目或强制收购项目，半途取消项目公司的特许权，税收政策变化或进出口限制等。

（2）商业风险。商业风险包括当地币的兑换和自由汇出风险、汇率风险、利率风险以及通货膨胀风险等。这些风险会直接影响到项目的财务成本、偿债能力和股东利益。

（3）法律风险。法律风险主要指与PPP项目有关立法的改变（如环境立法、财产立法等），从而可能导致项目公司收益的减少，影响项目的正常实施和运营。

（4）环境风险。环境风险随着公众越来越关注工业化进程对自然环境和人类健康与福利的影响，许多国家颁布了日益严厉的法令来保护环境。环保问题对项目的成功与否影响日益重大。所以项目公司和贷款人在准备实施 PPP 项目时必须熟悉东道国与环境保护有关的法律，估计项目的环境责任风险，制定环境保护计划，以便获得环境保护部门的批准书。

7.2.4 PPP 模式下的风险分担模型

风险和收益是私人投资参与项目建设考虑的重要因素，因而对收益和风险的权衡是项目风险分担的核心。根据 CAPM 理论，私人投资者的收益包括两部分：一部分是溢价收益，另一部分是无风险收益，因而假设私人投资者完全理性，这里我们借鉴周运祥（2005）风险分担模型加以说明。

1. 模型假设

①每个私人投资者都完全理性，其目标是自己的收益最大化。

②承担风险都会有风险溢价收益，每个人的主观性溢价不同而且溢价收益不低于其机会成本。

③为了简化计算，风险溢价是线性可加的。而且每个风险溢价不同需单独计算。

2. 模型及求解

设有 n 个私人投资者共承担 m 中风险，则第 i 个投资者所承担的风险为向量 α_i，$\alpha_i = (\alpha_i^1, \alpha_i^2, \alpha_i^3, \cdots, \alpha_i^m)$，第 i 个人对于承担风险 α_i 的风险溢价向量为 $\beta_i = (\beta_i^1, \beta_i^2, \beta_i^3, \cdots, \beta_i^m)$，则第 i 个人的风险溢价和为 $r_i = \alpha_i \beta_i^T = \alpha_i^1 \beta_i^1 + \alpha_i^2 \beta_i^2 + \cdots + \alpha_i^m \beta_i^m$。

假设每个参与者对于风险承担的溢价上限为 R_i^c，其中 $R_i^c = (r_i^{1c}, r_i^{2c}, \cdots, r_i^{mc})$，$r_i^{1c}$ 是第 i 个参与者对于第 1 种风险的承担

上限，以此类推。如果所有参加者都符合上述假设，则最优风险分担函数是所有参与者的主观风险溢价和最大，则目标函数为：

$$\max_{\{\beta_i,1\leqslant i\leqslant n\}}\sum_{i=1}^{n}\alpha_i\beta_i^T \quad (1)$$

$$S.t\ \alpha_i \leqslant R_i^c, \quad (i = 1,2,\cdots,n) \quad (2)$$

$$C_0^k = \sum_{i=1}^{n}\alpha_i^k, \quad k = 1,2,\cdots,m \quad (3)$$

$$\alpha_i^k \geqslant 0, \quad i = 1,2,\cdots,n, \quad k = 1,2,\cdots,m$$

C_0^k是第 k 种风险额总量，R_i^c 是个人风险承受能力的上限。

假设1）如果各参与方均没有风险承受能力上限约束，则只须比较 n 个参与方，谁对某类风险的主观性溢价最高，则该风险就由其承担，则其最优解即为：

如 $\max\{\beta_i\}=\beta_m$，则 $\alpha_i^k=C_0^k$，因此，由主观溢价最高的投资者完全承担该种风险，各种风险主观性溢价均不为最高的投资者将不承担任何风险。

假设2）有一部分参与方没有风险承受能力上限约束，而另一部分有上限约束，则不妨假设 $i=\{1, 2, \cdots, k'\}$（$k'<n$），无上限约束，则对这部分人的分析与第一种情况类似。另一部分参与方上限约束起作用时，则风险溢价最大的投资者优先承担风险，如下结果：如 $\max\{\beta_i^j\} = \beta_m^j$，则 $\alpha_m^j < C_0^j$ 而直到 $\alpha_i^j = \alpha_m^{jc}$。剩下的风险即 $C_0^j - r_m^j$ 由剩下的 $n-1$ 个参与方再比较主观性风险溢价，优先分配给风险溢价最高的投资者。如仍有剩余，则不断重复上述步骤，直到 C_0^j 分别完毕。上述分析结果表明，在有多方参与的项目融资中，对风险分担的机理是，如果某一参与方对某一风险给出的主观性溢价最高，则他最应该承担该类风险，或尽量优先满足其风险需求。

7.2.5 PPP项目融资风险分担的实践

20世纪90年代，我国开始引入PPP模式，运用BOT模式进行基础设施建设，2000 年后 PPP 模式处于停滞阶段。2014 年后，PPP 模式重新开始得到推广。国务院、财政部、发改委等连续颁布了一系列相关政策促进 PPP 的发展，从定义、核心理念、操作流程等各个方面进行规定和完善，全面鼓励 PPP 模式在公共服务和基础设施领域的广泛应用。政策的支持与引导使地方政府与社会资本对 PPP 模式的热情不断提升，许多项目积极应用 PPP 模式进行建设与运营。财政部 PPP 中心数据显示，截至 2016 年 6 月 30 日，我国纳入政府和社会资本合作（PPP）综合信息平台的 PPP 项目共 9285 个，项目总金额 10. 61 万亿元，进入执行阶段的项目共 619 个，总投资 1 万亿元，项目落地率达 23. 8%。项目覆盖全国各个地区，并涉及交通、医疗、基础设施、社会保障等多个领域。

相关数据显示，贵州、山东、新疆、四川四个地区的项目数量占总数量比例 45. 32%；贵州、山东、河南、云南四个地区投资额占比达 38. 49%，项目数量和投资额的分布都较为集中，主要在中西部地区，地方政府的财政实力在一定程度上影响着 PPP 模式的推广。

PPP 项目遍及 19 个行业，涵盖了较为重要的基础设施和公共服务领域，其中市政工程、交通运输类所占项目数量和投资额均较多，是目前 PPP 模式应用的主要类型；林业、科技、基建、农业、社会保障等 9 个领域则项目数量和投资额较少，目前处于 PPP 模式应用的初期阶段，未来可能成为发展的重点。

7.3 小　　结

完善风险分担机制进行融资模式创新，开拓政府与商业性资金合作领域，吸引更多的资金进入到政策性融资领域，对于缓解当前地方政府融资风险压力，具有重要的理论和现实意义。从微观角度看，探讨项目融资模式创新中的风险分担问题，并分析 PPP 模式下的风险分担机制。利用财政资金的介入，成立政策性金融机构是形成公共部门和私人投资在公共项目建设中的良好合作关系（PPP 模式）的基础，公共项目要追求政策性目标，不是简单的市场机制本身，靠投资回报这样的微观的一般机制可以解决资源配置问题。政府在这方面必然是追求超越微观主体成本效益分析眼界的综合效益、社会效益、发展后劲、正的外部性。这样一些政策性融资要达到目标必须附加追求，没有一个政府公共财政体系下财政资金的可持续介入机制，实际上无法形成逻辑链条中间实际运行的机制构建。成立政策性金融中介机构具有重要的意义，政策性金融的介入分担了纯公共产品风险，从而为商业性资金介入创造了条件。2014 年后，PPP 模式在我国的运用进入了新的阶段。

第8章

构建地方政府融资风险分担机制及制度的对策

金融体系的风险分担机制已经成为金融机构运行的基石，在准公共产品的生产领域不可避免地引入商业性资金以提高效率解决政府投入不足的问题。因此，根据公共领域投资的特点，在政策性融资领域（准公共产品提供领域）合理利用金融风险分担机制，引入地方政府融资风险分担机制不但在理论上具有前瞻性，而且对于有效控制地方政府融资风险促进地方政府融资可持续发展具有重要意义。本书认为，要构建地方政府融资风险分担机制，需要完善政府融资规范的制度环境。首先要明确地方政府的举债权利，允许地方政府发行市政债券。通过加强省管县改革，简化政府间的财权层级，理清政府间的财政关系，明确并区分各级政府之间的财权与事权。特别是要合理引导地方政府的举债行为，允许地方政府发行市政债券，统筹协调中央、地方政府及民间资金的供求关系。本书从宏观制度层面和微观管理层面提出建议。

8.1　宏观制度层面

8.1.1　建立阳光“透明”的融资制度

1. 稳步推进地方债发行

允许地方政府发行更容易监管、更为规范的地方政府债券，将隐性债务显性化，是化解财政风险和金融风险的必然选择。在地方政府透明融资制度建设上，要结合目前状况，实事求是，稳步推进。制度建设需要一个过程，不能一蹴而就。只有当各项条件成熟时，地方债发行才能发挥高效的作用。如果操之过急，则只能适得其反，造成地方政府融资的再次紊乱。而且如果不成功的话会造成不良后果，很难从头再来。在发债机制设计上，明确地方政府控制地方债务的责任，在确保责、权、利匹配的基础上形成地方债务市场约束的长效机制。强化投资者的风险防范意识，明确地方政府信用不同于国家信用，最终通过投资主体的自由选择达到资源的合理配置，进而形成地方债的市场约束。在对地方政府融资“变堵为疏”的同时，严格界定政府投资的边界，按投资的性质设置相应的融资方式，同时应当严肃财经纪律，明确地方政府还债的法律义务，避免中央财政兜底的现象。必要时，债权人可以通过法律手段以地方政府资产清偿其逾期无法偿还的债务。

2. 清除地方债发行的法律障碍

对具体的法律障碍，可以提请全国人大对《预算法》进行修改，以符合我国经济发展的现实，从而在法律规定上为地方政府发债提供依据。就目前情况看，《预算法》的修改可能需要时间，需要讨论和专家论证。应该说，从法律制度上扫除地方债发行的障碍需要一定的时间，需要一个过程。如果《预算法》修改不成熟，可以由国务院根据预算法制定特别规定，制定详细的地方债发行办法，对发债的范围、用途、发行主体的资格、发行的方式及偿债制度做出具体的规定。有条件的地方可以进行地方债试点。2009 年，中央政府代发 2000 亿元地方债，具有重要意义。这 2000 亿元地方债以透明的方式发行，尽管由中央政府代理发行，但是已经明确列入省级预算，规范性已经大大提高。而反观上轮亚洲金融危机中，我国政府发行了特别建设国债，在使用上大部分由地方政府使用，其性质属于转贷使用，不反映在中央政府的预算中也不反映在地方政府的预算中，在资金运行中往往受到约束，在监管机制上很难做到规范化。尽管这些资金按照要求要由地方政府还本付息，但是却很难落实，因为在性质上不属于地方政府的债务，往往等同于转移支付处理。而中央代发 2000 亿元的地方债性质上属于地方债，代理发行实际上加入了中央政府的隐性担保，在运行上这 2000 亿元资金列入了地方预算，要明确受到地方政府预算系统的约束，在透明的机制下，地方政府要承担还本付息的责任。因此，中央代发地方债具有重要的现实意义。

3. 建立地方债（市政债）发行的约束机制

地方债不能一发了事，实际上更重要的是形成制度对它进行规范和管理。实际上，在我国目前相关制度不完善下，地方债的管理将是一项挑战，而建立地方政府发债的约束机制是地方债的核心问题。地方债的约束机制应该体现在四个方面：一是建立地方人大对地方债的约束机制。从制度上加强地方人大对地方债的审批，约束地方行政首长在地方债发行上的巨大权力。在人大的监督下有利于形成公开透明的监督机制。二是中央部门的审核调控。中央的审核一直在地方政府的资金预算中起着重要的作用。中央管得太具体，工作量会非常大，也不可能管得滴水不漏，这样地方政府仍有机会逃离于约束之外。同时如果管得过多会损害地方政府的积极性，造成地方政府“跑部向钱”的局面。三是市场中介机构的约束作用。市场中介机构如评级机构可以根据地方政府的信用状况，对地方政府进行信用评级，如果不能达到最低标准，那么不得发行地方债。同时如果信用评级不是很高，那么地方政府不得不提高收益率吸引投资者，这样形成了对地方政府信用的利率惩罚机制。四是投资者“用脚投票”。地方债能否发行得出去，归根到底要看投资者是否认同。如果投资者不认同的话，将拒绝购买，导致地方债很难发行出去。2009 年，中央政府代地方政府发行的地方债由于收益率低且市场流动性差，结果跌破发行价格。这不能不说是投资者用脚投票的结果。

8.1.2　构建地方政府政策性融资机制

地方政府融资明显同商业性融资存在区别，因为地方政府融资具有政策性意图，比如用于基础设施建设，改善学校教学条件等，因此较多考虑资金运用所能产生的社会效益，其次才是经济效益，而商业性融资主要目的在于获得商业利润，因此较多考虑成本和收益。从资本市场的角度看，资金都是“唯利是图”的，追求利润的最大化，因而对于并非追求利润的政策性融资而言显得格格不入，很难为市场机制所接纳。2009 年中央代发 2000 亿元地方债，在地方政府融资历程中应该具有里程碑的意义，因为地方债正式登堂入室，名正言顺了，其规范性大大提高。然而发行结果却让人意外，市场价格跌破了发行价格。一方面原因是地方债尚处于中央政府代发阶段，流动性不足，其中标利率仅为 1.82%，甚至低于三年期银行存款，因而遇冷属于正常。加上政策性融资期限长融资风险大，如果单靠金融市场机制很难获得融资。在这种情况下，政策性项目要获得资金，除了要有一定的自有资金外，政府除了动用贴息等政策加以扶持，还要形成对政策性项目的支持机制。

1. 政策性融资机制内涵与意义

对于商业性资金而言，追求风险最小和利润最大是其天然的特点。尽管商业银行决策者在压力下纷纷表态支持政府项目建设、支持创新及低碳经济这些具有重要政策性意义的项目。但表态归表态，在操作中实际上是“两张皮”。商业银行的政治表态和商业性资金的逐利性是矛盾的，因而要调动商业性银行的积极性，实际上需要一种可持续机制。在财政资金的介入或者政府担保下，“四两拨千斤”式地引入商业性资金，约束于市场机制，互相配合，取长补短，形成支持政策性项目的可持续局面，这种机制就是政策性融资机制。

政策性融资机制是一种具有中国特色的融资制度（何振一、阎坤，1999），这种制度安排超越了财政与金融界限，是政府与市场在混合公共产品提供领域合作的表现。对于促进“中间”地带的健康运行和发展具有重要的理论及现实意义。

（1）良好的政策性融资机制为产业和区域协调发展注入资金。改革开放30多年来，我国经济快速发展，各地区的经济总量都已达到相当的规模，但都面临着结构调整的艰巨任务。各地区在全国统一的产业政策指导下，根据各地的实际，制定和实施科学合理的产业政策，调整优化不合理的产业结构，克服经济发展的“瓶颈”制约，不断提高产业的技术层次，对支撑一个地区经济的可持续发展具有重要的战略意义。在这一过程中，地方政策性投融资体系由于其特定的优势和功能，可以扮演更为重要的角色，发挥更为重要的作用，成为地方政府产业政策最重要的执行载体，发挥其扶持重点产业，促进产业结构优化的特殊作用。

（2）避免或缓解市场机制的缺陷。在市场机制下，使得某些政策性产业资金缺乏，从而马太效应明显。商业性资金通常向获利性高的产业或领域流动，客观上促进了资金资源的配置，也表现出它的局限性，即相对落后的地区或产业会得不到或不易得到所需的资金，甚至还会出现资金逆向流动的现象，比如农业属于弱势产业而农村属于落后地区，这都是国家需要大力扶持的产业或区域，在改革后先后成立了农业银行和农村信用社等面向农村的商业银行或银行组织，然而事实证明，在追求利润最大化和风险最小的目标下，这些金融组织的支农力度不断弱化，甚至是退出了农村区域。建立地方政策性融资体制，可以完善市场机制，缓解市场失灵，对市场机制引导下的资金流向起逆向调节作用。

（3）地方政府履行所承担投资职责的要求。随着投资体制改革的不断深化，政府在投资活动中的地位和作用发生了很大的变化，表现在政府直接投资范围大大缩小，逐步从大量的竞争性投资中退出，而主要承担基础性、公益性项目的投资责任。其中中央政府只承担全国性或跨地区、跨省市的重大基础设施项目，而地区性基础设施项目投资主要由地方政府来承担。因此，相比之下，尽管地方政府退出了部分竞争性项目的投资，但同时由于中央政府相对缩小了在地方的投资，再加上长期以来各地区在基础设施、基础产业等方面的欠账，以及区域经济社会加快发展对基础设施建设的更高要求，使地方政府在基础性项目投资方面的任务更重、压力更大。然而，地方政府能够用于基础性项目投资的资金筹措渠道、资金来源却相对减少：一是中央主要是各部门、国家专业投资公司原来用于支持各地区进行基础设施建设、发展基础产业的投资由于强调了地方政府在这方面的责任而有所减少。一个地区能够列入国家级重大建设项目的数量很少，绝大部分是地区性的、为本地区发展服务为主的基础设施项目。这些项目在投资体制改革前还能从中央争取较多的投资资金；投资体制改革以后，这部分资金来源减少，有的来源渠道已被取消。二是国有各商业性银行地方分支行政策性业务逐步分离出去以后，原来用于支持各地区进行政策性投融资的资金来源随之减少甚至取消，这部分资金或集中由国家政策性金融机构掌握营运，或转向商业性经营；地方对财政手段的运用能力则表现出相对不足，在很多情况下基本上是吃饭财政，能够用于投资建设的财力十分有限，根本难以满足地方政府对基础性、公益性项目的投资要求。总之，投资、金融、财税体制改革后，地方政府所承担的投资责任与地方政府所能调控的用于基础性、公益性项目投资的财政资金和政策性资金不相适应，因此，建立地方政策性投融资体系是投资、金融、财税体制改革后，中央与地方投资责任、政策性与商业性投融资关系发生变化所提出的客观要求。

（4）建立地方政策性投融资体系是进一步深化金融体制改革、完善全国政策性投融资体系的要求。通过这些年的改革，中国的金融体系从总体上已初步实现了政策性业务与商业性业务相分离，但国有商业银行仍承担着不少政策性金融业务，特别是地方政府仍然通过某些形式要求国有商业银行继续承担一定的政策性投融资职能，商业银行的正常经营业务会受到地方政府政策不同程度的“影响”，从而也制约了国有商业银行真正向商业银行的转变。其中的重要原因是全国的政策性投融资体系尚不健全，作为一个完整的政策性投融资体系或系统，还缺乏有效的地方政策性投融资体系这一部分。虽然国家农业发展银行在各地都设立了分支机构，国家开发银行最近也在各省市设立了分支机构，但其功能作用还远不能满足地方政策性投融资的需要。因此，建立地方政策性投融资体系不仅是弥补国家政策性投融资体系的不足，构建中央与地方各有分工、互相补充的完整的政策性投融资体系的需要，也是进一步深化金融体制改革，完善与社会主义市场经济相适应的金融体系，推动金融市场进一步发展的要求。

（5）加强宏观调控的需要。从经济运行来看，国家层面在经济调控中的作用越来越大，效果也不断加强。然而本应在调控中发挥重要作用的省级政府相关职能不断弱化，究其原因在于地方用于调控的资金资源有限，同时地方利益同中央调控意图容易冲突，而2008 年后，中央和地方政调控步调惊人一致，地方政府缺乏资金靠大量融资获得。通常情况下，地方使用行政手段调控经济远多于经济手段。如果建立地方政府政策性融资机制，使地方政府能及时有效掌握调控资源，那么地方政府直接干预经济行为会大量减少，较好地弥补市场经济缺陷。

2. 完善政策性融资机制的思路

目前，我国政策性金融体系功能不但没有得到强化，反而弱化了。主要是政策性金融体系的定位越来越不明确，所经营的空间狭小，比如农业发展银行，经营空间仅限于农业基础设施建设、农村粮食收购补贴这一块。实际上，在新农村建设及现代农业背景下，它所要经营的领域可以不断扩展，比如农业创新，产业化经营等方面。此外，国家开发银行商业化改革呼声很高，开始了商业化运作，使得本应该属于政策性金融覆盖领域的基础设施建设领域不断被商业化，在这种背景下，地方政府不得不自己谋取基础设施建设的资金，通过商业化解决，而这种方式造成商业银行资金短期期限同基本建设资金期限的不匹配，容易引起商业银行流动性风险。因而，从当前情况来看，有必要理清思路，清晰定位政策性金融机构，强化其功能。

（1）逐步成立地方政策性银行。在国家开发银行商业化前，存在三大政策性金融机构即国家开发银行、农业发展银行、进出口银行，这三家均属于国家层面的银行。以国家开发银行为例，贷款主要流向全国性的重点工程，而对地方重大项目资金支持力度明显偏小。尽管面向地方服务然而属于跨区域性质，而且其分支机构只到省一级，这样可能导致政策性金融资源向省会城市倾斜，造成资源分配不均。同时，地方政府为了获得政策性资金需要层层审批，资金筹集周期较长，同时各地为了获得贷款往往“跑部钱进”。

成立地方政策性银行专门对地方基础设施建设提供政策性资金援助，有利于政策性融资的专业化经营和职能化经营。地方政策性银行除了开展政策性贷款业务外，可以提供基础设施建设咨询等相关专业性服务。此外，可以引入股份制法人治理结构，形成由政府出资，其他国有银行入股的股份制地方政策银行。这样通过市场的约束机制来规范政策性银行的经营活动，确保对资金运用的效率。

（2）重塑国家开发银行在基础设施建设方面的政策性金融机构地位。国家开发银行自 1994 年成立以来，积极发挥政府与市场桥梁纽带的作用，引导社会资金流向，支持了长江三峡、南水北调、西电东送、北京奥运、秦山核电站等一大批国家重点工程。截至 2006 年商业化改革前共向“两基一支”领域发放贷款 6.962 万亿元，占全部贷款的 98.8%，在基础设施建设领域发挥的作用毋庸置疑。

国家开发银行在基础设施建设方面的作用是不可替代的。从资金来源来看，国家开发银行资金来源于开发债券，属于国债。融资成本明显低于商业银行。开发债券的期限一般在 20 年左右，这与基础设施建设投资回收期的特点相符，容易形成期限匹配。而商业银行资金一般来源于存款，属于短期资金，如果由商业银行为基础设施提供资金，资金期限配置不合理，容易产生风险。

（3）合理定位，理清同财政的关系。我国政策性金融机构资金来源于财政和财政关系密切。政策性融资国家预算化是长期以来所形成的具有计划经济特征的行为。政策性机构资金来源完全靠财政拨款，从而政策性金融机构对财政依赖过大，将造成财政负担过大。财政资金的使用具有无偿性，在财政收支盈余不多甚至出现赤字的情况下，财政将陷入困境。此外，如果单纯依赖财政资金，就会阻断政策性资金与社会资金的联系。各国实践证明，只有在合理调动社会资金的情况下，政策性资金才能取得事半功倍的效果。

（4）在资金来源上，建立稳定的低成本资金来源。政策性资金要履行政策性职能，体现政府各个时期的政策的意图，从而不是视资金多少而定。拥有稳定的和低成本的资金来源，是政策性投融资发挥作用的前提条件，只有拥有充足的资金来源，根据宏观调控的需要，投入与之匹配的资金才能达到目标。在政策性资金的运用过程中带有政策性意图，因而资金转让成本低于商业性资金，如果转让成本高势必达不到政策性效果。如果资金借贷利息过低，势必出现亏损情况。如果依靠财政资金作为唯一来源，成本很低，甚至是无偿，但是财政资金本身也比较吃紧，依靠金融市场资金则融资成本过高。因此，需要探索一种路径，在以财政资金投入为主体下，多方争取资金。本书认为，一些团体基金或者是养老基金的一部分可以作为低成本的资金来源。

8.1.3　完善地方政府融资约束机制

1. 我国方政府融资约束的问题

（1）上级主管部门是地方政府融资的主要约束力量。地方政府融资行为的约束来源于两个方面：一方面是上级政府及主管部门的约束。另一方面是市场机制的约束。我国地方政府融资主要通过上级政府及主管部门进行约束。其一，对于地方本级政府主管部门而言，由于财权和事权的不匹配，财政支出压力大，地方政府融资需求旺盛，而风险防范意识淡薄，因此，本级主管部门听之任之。其二，目前，地方政府融资未纳入地方财政预算计划，不需要人大的监督，财政透明度偏低，本级人大无从监管政府的融资行为。其三，在政绩目标的刺激下，融资需求被进一步放大，而贷款期限相对较长，因而贷款往往由下届或者下几届政府偿还，而投资效果在本届政府能够立竿见影，因此，还本付息压力对本届行政首长无较大影响，而政绩能够体现，这往往是一件何乐而不为的事情。这样，地方政府融资行为完全靠上级政府约束。

（2）政府融资形成的隐性债务透明度较低。由于地方政府融资80%以上靠融资平台取得，因此属于隐性债务，很难查清地方政府举借债务的确切数目，很难弄清楚各融资平台和政府部门之间的控制与被控制关系。这样，地方政府融资信息的透明度低直接导致地方政府难以受到严格监管，失去约束。

（3）中央政府对地方政府融资的软约束。尽管我国1994年分税制改革划分了中央和地方共享税收收入的比例，确保了地方政府财政收入的稳定性，所形成的规范化的财政分权模式一直延续到今天，但仍然存在许多制度上的缺陷，经过这几年的实践已经明显显露（阎坤，2005），其中一个重要的缺陷就是财权的逐渐上收和事权的下放。在地方财力难以支持的情况下，中央加大了转移支付力度，同时形成了对地方政府预算的软约束。2008年年底中央出台了4万亿元投资计划，但是中央财政只承担1.18万亿元，其余的资金需要地方政府融资获得，实际上中央政府默许了地方政府的融资行为，在监管不够的情况下，出现了利用政府融资平台做不规范融资的行为，造成地方政府负债积聚攀升。

2. 完善地方政府融资约束机制的建议

（1）加强上级政府的监管。首先，地方政府融资要纳入预算管理，或者专门设立政府融资类管理账户，把融资平台获得资金纳入到财政监管体制中去。本书认为，要有效约束地方政府的融资行为必须要让隐性负债显性化，否则监管无从谈起。实际上，融资“阳光化”或者负债“显性化”是地方政府融资管理的基础。其次，逐步完善财政体制，完善地方政府财权与事权的匹配，在此基础上改变地方政府预算软约束局面，强化政府债务量化考评。最后，将债务问题纳入考核体系。加强对地方政府债务偿还的考察，将债务水平及借债、偿债情况动态置于财政收入、项目建设、固定资产投资考核同等重要位置。合理设计科学的专项指标体系，客观反映地方政府债务管理水平，尤其要将债务规模缩减，风险管理、偿债率、债务成本、债务效益、财政承受能力、领导责任等指标尽可能细化和量化，在考核中占有适当比重，以促进地方政府强化在债务上的责任意识，切实改变重举债、轻偿债，重投入、轻效益，重融资、轻风险，重使用、轻管理的现状。

（2）努力拓展地方政府融资的监管渠道。在上级政府的监督管理下，尽量将地方政府融资纳入到人大及政协的监管中，同时发挥审计部门在项目审计中的专业优势，形成科学的审计工作报告和审计结果报告。对于举债建设的项目，加强其经济社会效益论证，对于项目的举债数额、偿还期限及偿债能力，动员媒体及公众进行监督，充分发挥媒体、公众的监督作用，拓展监督渠道。在监督的基础上，落实领导的问责机制，以促使政府科学举债、谨慎举债。在配套制度上落实偿债准备金制度，多渠道监督偿债准备金的落实情况。

（3）完善市场约束机制。从国外地方政府融资的经验来看，市场机制约束发挥了重要作用。随着我国市场机制的完善，金融改革的不断推进，金融市场机制将会发生重要的作用。因而，从改革的路径来看，行政直接约束将由市场进行分权，可以减少监督成本，提高监管的有效性。

成立服务于政策性融资的市场中介机构。地方政策性融资同商业性融资存在明显区别，投资目标、盈利性、风险性方面都与商业项目不同。以商业化的评估方法应用到政策性项目，显然是不够精准的。如果要依靠市场形成约束机制，必须提供专业化的政策性融资服务机构。

发挥信用评估及增信机构的作用。信用评级是市场化融资的核心步骤，只有通过信用评级才能衡量融资中的风险，才能对风险溢价收益作出定价。对于信用差的融资主体，投资者可以“用脚投票”。因而信用评估机构的评价结果对于投资者具有重要的参考意义，是投资者进行风险管理的基础。对于融资者而言，信用评估机构是重要的约束力量，信用评估机构真实准确的信用评价是其信用状况的反映，影响着融资机构的融资成本和融资规模，甚至对于融资资格也起决定作用。在发达国家，面向政府融资服务的金融中介机构发达，特别是发行市政债券须由信用机构对债券进行评级。

我国《担保法》明确规定政府部门不能保证担保，因而这轮融资中出现的政府担保行为必将让位于市场担保机构，在信用评级的基础上做出担保决定，做出增信担保，收取担保费用，这样降低了投资者风险，也避免了政府担保行为。

（4）开展政府融资保险业务。随着保险行业的不断发展，政府融资保险业务也得到了拓展。我们可以预料在完善的地方政府融资中，保险机构将分担掉可能出现的风险，并对项目建设风险进行专业化的管理以及提供专业化的服务，这对于规避融资风险具有重要的意义。

（5）重构政策性融资的信贷约束机制。实行动态化和差别化管控融资平台风险。在客户准入方面，要实行严格的名单制管理，综合考察地方财政实力、资产负债结构、信用等级、项目情况等因素，设定差别化的信贷政策和准入要求。在风险管理方面，要采取差别化的信贷管理方式：一是对于那些公司治理结构和资产质量较好、其项目运营收益能够承担债务融资还本付息责任、无需地方政府或财政进行信用支持的融资平台，应按照市场化原则积极介入，贷款给那些自身经营收入完全能满足未来还本付息的公司，而不必要考虑地方政府的财力。二是对于那些承担基础设施项目或市政项目投资建设和运营职责的融资平台，其收益不足以承担还本付息责任，需要地方政府或财政予以信用支持和还本付息支持的，必须从项目建设的必要性、地方财政收支状况、偿债能力等来分析判断贷款偿还能力，将平台公司的财务条件与地方政府的债务负担水平结合起来考虑审慎介入。三是对于纯属融资并无具体业务的平台，或严重超出地方政府债务风险控制水平的要纳入重点监控风险的行列严禁介入，并采取防范措施化解风险。

8.1.4　完善风险控制手段

尽管依靠资本市场及其规则可以有效地防范控制融资风险，但这依赖于发达、透明的金融市场。我国在金融市场处于不完善的状况下需加强对地方政府融资风险的控制，形成有效的风险预警及控制体系。首先，要建立完整有效的风险预警及监控指标体系如负债率、偿债率、偿债准备金余额比例等指标体系。其次，完善地方债务市场体系。形成独特的信用评级方法及体系，加强对风险的识别；通过利用保险市场机制，逐步引入政府债务的保险业务；引入为地方政府融资服务的市场担保体系及机制，避免地方政府或有债务过于庞大局面。最后，完善地方政府债务的信息披露机制，及时披露政府融资数据及交易细节，加强地方政府债务审计的标准化程度；加强对地方政府融资信息披露的立法等。

8.2　微观管理层面

8.2.1　真正引入市场竞争机制，降低成本，提升管理水平

竞争招标是地铁项目 PPP 模式操作过程中的核心内容之一。

政府部门通过竞争招标确定投资者，中标投资者同样也要通过竞争招标来选择建设商、运营商和维护商。基础设施建设领域实施PPP模式，应逐步放开项目运营及维护市场，加强培育多元化的项目建设、运营市场，引入市场适度竞争机制。在建设领域应不断完善“代建总承包制”，进一步采用“交钥匙”工程等建设方式；逐步实现“网运分离”的运营方式；采取管理合同、服务合同、租赁合同等方式加快市场化进程。

8.2.2 优化风险结构

PPP项目融资是否能够成功最主要的因素是项目的风险分担是否合理。政府部门在设计风险分担结构时要考虑项目方案的吸引力，合理的风险分担结构是政府工程采购方案是否具有吸引力的关键。通常可根据各方获利多少的原则考虑相应承担的风险，使项目参与的各方包括政府部门、民营公司、贷款银行及其他投资人等都能够接受，项目方案具有吸引力才能使项目具有可操作性。还要建立项目的成本体系和调整机制。

8.2.3 完善监管过程

由于工程项目的特殊性，即使采取PPP模式建设运营，政府依然要对其进行包括工程建设和经营等在内的全过程监管。对工程公司提供的服务质量的监管成为重点，由于工程项目不再依靠政府机构作为提供主体，监管体制的重心也就不再是建立高效的“政府内监管”体系，而是建立包括政府监管、行业协会和消费者保护组织参与以及传媒监督在内的完善的现代监管体系。此外，还要健全政府规制。PPP项目的运作需要在法律层面上对政府部门与企业部门在项目中需要承担的责任、义务和风险进行明确界定，保护双方利益。在PPP模式下，项目设计、融资、运营、管理和维护等各个阶段都可以采纳公共民营合作，通过完善的法律法规对参与双方进行有效约束，以达到互相监督的效果。

8.3　加快融资平台的转型

8.3.1　转型的必要性

近年来地方政府成了地方债务风险的源头，融资平台形式上的独立法人实际沦为地方政府的代理人。这两种身份带来的矛盾难以解决，成为地方政府融资平台发展的主要障碍。一方面，地方政府融资平台凭借特殊身份，把政府债务的性质转化为企业债务的性质，两者之间的转换缺乏必要的法律依据，在性质上陷入比较混乱，企业债务的约束难以发挥作用。地方政府债务在认定上模糊不清，难以分割。尽管“40 号文”对此进行了切割，但短期内难以解决根本问题，容易产生地方政府过度负债。另一方面，企业还款来源与政府还款来源高度重合，依赖于土地出让，加深了土地财政问题。融资平台作为独立的法人，往往是融资的壳公司，职能仅仅在于融资，当资金到位后，融资平台会把资金注入项目，或者成为体外循环的财政资金。由于项目建设时间长、风险大，投资收益率低，难以满足企业化融资的还款条件。土地出让收益自然成为还款的保证，甚至成为还款来源。目前，地方政府融资平台转型存在一系列问题。

融资平台债务存量统计不准确。以债务单位角度清理存量债务，银行债权将存在统计遗漏的可能，尤其是交易复杂的非贷款融资和异地非银机构融资，一旦被认定为企业债务，其原有还款来源及信用结构（尤其是地方政府的隐性支持）可能被破坏。另外，部分地区平台贷款到期额高，且平台贷款甄别纳入地方债务时有所保留，在财政收入增速明显放缓情况下，面临更大的还款压力。

地方债置换的过程中，财政风险变相转化成金融风险。第一，地方债置换实质是用低利率的债券投资取代了较高利率的政府平台银行贷款，从信贷科目转移到了投资类科目，给银行带来利润损失，部分银行面临经营模式转型压力。第二，地方债发行市场化程度仍然不足。一方面，目前尚无统一的地方债发行监管标准，包括簿记现场监督、规范市场化定价、严肃发行纪律等无法充分落实。另一方面，发行定价有待进一步市场化。由于地方债风险权重为20%，而国债风险权重为0，且信用等级也存在差异，因此地方债利率理论上应高于国债。但实际情况是已发的地方债发行利率基本紧贴国债，既没有体现出各省的财政和经济实力，也没有反映出各省不同的违约风险，对投资人甄别和投资地方债造成困难。第三，由于利率水平没有体现实际风险水平，社会投资者接受度不高，实际上各地发行的地方政府置换债券基本上由银行购买，地方政府债务风险仍滞留于银行体系，只是用行政手段把财政风险转为金融风险。

在建项目融资新规给金融监管带来诸多挑战。在建项目融资新规（国办发〔2015〕40 号文）反映了中央在经济下行压力下，宏观政策重心由调结构转向稳增长、由降杠杆转向加杠杆。其相对于“43 号文”最大的变通在于区别对待新增与存续项目融资，允许存续项目在统一预算管理的前提下通过传统方式举借债务。这有利于防范一些项目出现资金链断裂和烂尾风险的局面，但也给金融监管带来诸多挑战：第一，易导致增量融资项目搭便车，刺激政府的投资冲动。“40 号文”在某种程度上被各方理解为对“43 号文”约束的放松，政策的变动可能导致地方政府的投资冲动被进一步点燃，地方政府可能加杠杆，不仅是存量项目，也会有部分增量项目搭便车，但新增贷款是否纳入政府性债务具有较大不确定性。第二，在建项目融资新规给银行带来两难选择。从政策合规性方面来看，政府债务清理甄别结果尚未向银行监管部门及银行共享，部分具有政府背景的公司满足“40号文”对政府融资平台的定义，银行不能确定相关领域在建项目债务是否能足额纳入政府负债，债务信息不透明为信贷支持带来疑虑。从银行利润方面来看，在建项目融资新规可能加重其对融资平台业务的惯性依赖，尤其在当前实体经济下行、银行不良贷款攀升的背景下，部分商业银行更加青睐于政府背景项目。在建项目融资新规可能给银行转型的积极性带来负面影响。第三，相关政策尚待明确。原有平台贷款监管政策以及以平台作承贷主体的棚改和土储贷款的相关政策亦待明确，可能造成政策真空，让部分商业银行有监管放松的错觉。

8.3.2　融资平台转型的路径

融资平台转型实质上是地方政府债务管理体制的改革，“43号文”确定的改革目标是建立一个以地方政府债券市场（规范的市政债）为基础的、有自我约束机制的地方政府举债体制，从而由现在的通过行政管控地方债务的方式，过渡到通过完善立法、建立市场机制、增强地方债务透明度、加强多方监督、建立预警体系等市场硬约束的体制，避免地方政府出现道德风险和过度举债。主要转型路径有：

一是成为市场化运作的企业。既可以是普通的国有独资企业，也可以进一步实现产权的社会化，借国有企业混合所有制改革之机成为混合所有制企业。在具体方向上，可以根据设立融资平台时政府注入的资产类型和后续经营业务范围来确定。从全国来看，具备这种转型条件的融资平台较少。二是成为新型的融资中介。具体有两大形态：第一类是传统融资模式运作平台。主要是承担一些有稳定现金流的公益性项目建设或政府主导的产业项目建设对外融资的职能。地方政府可为其注入更优质的、能够变现、能够为商业银行和资本市场认可为合格抵押物的资产或项目，从而提供政府担保以外的增信措施，提高企业资信等级。这类公司既可以作为政府主导的公益性项目或产业项目债权或票据的发行主体，也可以作为商业化的企业向商业银行申请项目贷款。偿债责任和偿债来源都与政府无关，在实现地方政府举债建设初衷的同时，也有效隔离偿付风险。第二类是地方政府新型融资模式运作平台。通过参与地方政府新型融资方式成为各种形式的 PPP 项目运作平台、产权投资基金管理公司等。

参考文献

中文部分：

[1] 贾康、孟艳. 政策性金融的体系、定位及其边界主张 [J]. 改革，2009 (3).

[2] 贾康. 财政政策与货币政策的协调性 [J]. 行政管理改革，2009 (2).

[3] 贾康、白景明. 如何认识和构建公共投资评审体系 [J]. 财政监督，2003 (6).

[4] 贾康. 政策性金融改革与浙江民间资本对接 [J]. 浙江金融，2011 (2).

[5] 贾康. 劳动报酬占比：需要客观分析 [J]. 理论参考，2010 (7).

[6] 贾康. 公共财政的基本特征和基本要求 [J]. 经济研究参考，2007 (5).

[7] 贾康、孟艳. 地方政府融资：规范与创新 [N]. 第一财经日报，2009-02-05.

[8] 贾康、李炜光、刘军民. 关于发展中国地方政府公债融资的研究 [J]. 经济社会体制比较，2002 (5).

[9] 贾康、赵全厚. 国债适度规模与我国国债的现实规模 [J]. 经济研究，2000 (2).

[10] 郭庆旺、吕冰洋、何乘才．李嘉图等价定理的实证分析、协整分析 [J]. 财政研究，2003 (9)：45-51.

[11] 郭庆旺、贾俊雪．政府公共资本投资的长期经济增长效应 [J]. 经济研究，2006 (7).

[12] 萨缪尔逊．经济学．上册 [北京]. 商务印书馆 1980 年版.

[13] 尹超．国债发行的经济效应初探 [J]. 当代财经，2000 (6)：22-27.

[14] 刘溶沧、马栓友．赤字、国债与经济增长关系的实证分析 [J]. 经济研究，2001 (2)：33-43.

[15] 涂立桥．国债规模及其挤出效应思考 [J]. 理论与实践，2004 (7)：67-75.

[16] 胡祖六、贾康、王忠明、曹凤岐、缪建民．金融危机下的思辨：政府救市与市场原则 [J]. 资本市场，2009 (2).

[17] 巴曙松．地方政府投融资平台的发展及其风险评估 [J]. 2009-07-30，中宏数据库.

[18] 魏加宁、孙彬．地方政府投融资平台研究．国务院发展研究中心技术经济研究部“地方基础设施建设融资问题研究”课题组，2009.

[19] 刘煜辉．高度关注地方投融资平台的“宏观风险”[J]. 中国金融，2010 (5).

[20] 甘文成．我国城建投融资体系发展趋势探讨 [J]. 城市，2007 (3).

[21] 广西南宁市财政局．广西南宁市政府投融资管理体制改革政策研究 [J]. 经济研究参考，2008 (11).

[22] 余萍．地方政府投融资平台建设研究 [J]. 2009 (5).

[23] 邹宇．加快政府投融资平台转型实现可持续发展的必

然选择 [J]. 城市，2008 (11).

[24] 张照、王德. 我国城市基础设施建设资金运作模式研究 [J]. 城市规划，2009 (3).

[25] 王德. 日本的城市建设财政制度 [J]. 国外城市规划，2001 (2).

[26] 肖耿、李金迎、王洋. 采取组合措施化解地方政府融资平台贷款风险 [J]. 中国金融，2009 (20).

[27] 谢世清. 城市基础设施的投融资体制创新："重庆模式"[J]. 国际经济评论，2009 (7-8).

[28] 顾德山. 打造南通综合性投融资平台 [J]. 上海国资，2007 (3).

[29] 宋立根. 地方政府城市建设投融资现状、问题及对策 [J]. 地方财政研究，2009 (2).

[30] 陈炳才、田青、李峰. 地方政府融资平台风险防范对策 [J]. 中国金融，2010 (1).

[31] 杨召举. 地方政府投融资平台贷款风险需要引起关注 [J]. 甘肃金融，2009 (9).

[32] 吴存荣. 基础设施建设与政府投融资 [J]. 财政研究，2007 (12).

[33] 吴国联、周荣俊. 宏观调控背景下基层政府过度负债与银行科学授信 [J]. 浙江金融，2008 (4).

[34] 湖北省人民政府研究室、国开行湖北分行联合调研组. 河南省搭建投融资大平台的做法与启示 [J]. 今日财富（金融版），2008 (8).

[35] 贾银萍. 关注地方投融资平台的贷款风险 [J]. 特别关注，2009 (7).

[36] 陈东平、郑建文、冯得强和闫学诗. 构筑西部城市建设投融资平台 [J]. 西部论丛，2006 (1).

[37] 谭长路．地方政府投融资平台建设的模式分析［J］．甘肃金融，2009（7）．

[38] 苏晓鹏、王兵、冯文丽．地方政府投融资平台风险预警与化解对策［J］．中国农村金融，2009（12）．

[39] 黄全祥．地方政府投融资平台的运行方式与问题［J］．西南金融，2009（12）．

[40] 魏国雄．建立地方政府融资平台的融资约束机制［J］．中国金融，2009（20）．

[41] 周金良．解放思想，激发活力，努力打造一流城建投融资服务平台［J］．探索，2009（4）．

[42] 蓝定香．破解统筹城乡发展资金难题的新思路——成都市政府性投融资平台建设研究［J］．西南金融，2008（4）．

[43] 李汝鑫、麦晴峰．浅议高新区企业投融资服务平台建设［J］．天津科技，2007（1）．

[44] 郭长虹．商业银行政府融资平台信贷业务风险管理研究［J］．产业与科技论坛，2009（7）．

[45] 王克冰．深化政府投融资体制改革若干思考［J］．天津社会科学，2009（2）．

[46] 高奇．四万亿形势下商业银行对政府融资平台类公司授信业务的思考［J］．江西金融职工大学学报，2009（8）．

[47] 娄振华．天津市政府投融资体制改革初探［J］．中国投资，2009（3）．

[48] 黄如宝、王挺．我国城市基础设施建设投融资模式现状及创新研究［J］．建筑经济，2006（10）．

[49] 周丽丽．我国地方政府的融资实践及未来发展趋势［J］．经济研究参考，2009（38）．

[50] 顾金亮、郭晓东．我国市政公用基础设施的投资不足与对策分析［J］．建筑经济，2007（2）．

[51] 都战平．以变革的姿态迎接投融资平台建设新挑战 [J]. 时代金融，2009 (5).

[52] 熊盛文．政府投融资平台要在规范中实现可持续发展 [J]. 金融与经济，2009 (11).

[53] 樊纲．论国家综合负债——兼论如何处理银行不良资产 [J]. 经济研究，1999 (5).

[54] 刘尚希．财政风险．一个分析框架 [J]. 经济研究，2003 (5).

[55] 刘尚希、赵全厚．公共债务：风险状况的初步分析 [J]. 管理世界，2002 (5).

[56] 潘圆、袁铁成．财政部副部长：巨额财政赤字肯定要降下来．中国青年报，2002-03-25.

[57] 刘尚希、于国安．地方政府或有负债：隐匿的财政风险 [M]. 中国财政经济出版社 2002 年版.

[58] 姜波克．开放经济下的宏观金融管理 [M]. 复旦大学出版社 1999 年版.

[59] 王守清．项目融资的一种方式——BOT. 项目管理技术，2003 (4).

[60] 马欣、黄安永．PFI 筹资模式的新思索．现代城市研究，2004 (10).

[61] 惠静薇、安琦．ABS 融资模式及其风险评价研究．科技进步与对策，2004 (8).

[62] 于谨凯、单春红．BOT 与 ABS 项目融资方式差异比较. 国际经济合作，1999 (5).

[63] 林英晖、屠梅曾．ABS：基础设施融资新路. 上海经济，2001 (8).

[64] 张曼、屠梅曾、王为人．大型项目融资风险动态管理方法．系统工程理论方法应用，2004 (1).

[65] 尹昱．项目融资的风险分摊和控制机制．山东经济，2001 (2).

[66] 谢季坚、刘承平．模糊数学方法及其应用 [M]. 华中理工大学出版社 2000 年版.

[67] 汪培庄．模糊技术与应用丛书 [M]. 科学出版社 1994 年版.

[68] 胡子义、彭岩．基于 AHP - Fuzzy 的智能决策模型建立及应用 [J]. 计算机系统应用，2005 (5).

[69] 李大建、王凤山．地空导弹总体性能多层次灰色评价 [J]. 中国管理科学，2004 (5).

[70] 邓聚龙．灰色系统理论教程 [M]. 华中理工大学出版社 1992 年版.

[71] 陈婧、韩伯棠、于丽娟．多层次灰色评价法在高科技企业科技人力资源评价中的应用 [J]. 科技管理研究，2004 (3).

[72] 李如忠、汪家权、钱家忠．区域水污染负荷分配的 Delphi - AHP 法 [J]. 哈尔滨工业大学学报，2005 (1).

[73] 焦继文、任海华．国际利率水平决定的数量论证及其风险的度量 [J]. 统计研究，1998 (5).

[74] 潘文轩．地方政府投融资平台运行风险及其化解对策 [J]. 投资研究，2009 (11)，人大报刊复印资料《财政与税务》2010 年第 8 期转载.

[75] 杨瑞龙．我国制度变迁方式转换的三阶段论 [J]. 经济研究，1998 (1).

[76] 姚洋、杨雷．制度供给失衡和中国财政分权的后果 [J]. 战略与管理，2003 (3).

[77] 于长革．中国财政分权的演进与创新 [M]. 经济科学出版社 2010 年版.

[78] 余珊、丁忠民．“粘蝇纸效应”在我国政府间财政转

移支付中的实证研究——基于一般性转移支付资金的研究 [J]. 重庆工商大学学报（社会科学版），2008 (3).

[79] 袁和平. 规范地方政府行为　促进区域经济发展 [J]. 宏观经济研究，2005 (2).

[80] 张敦富、覃成林. 中国区域经济差异与协调发展 [M]. 中国轻工业出版社 2001 年版.

[81] 张恒龙、陈宪. 财政竞争对地方公共支出结构的影响——以中国的招商引资竞争为例 [J]. 经济社会体制比较，2006 (6).

[82] 张恒龙. 转型期财政竞争与均等化研究 [M]. 经济管理出版社 2009 年版.

[83] 王建新、潘文轩. 构建地方债的风险防范与控制机制 [J]. 中国财政，2009 (16).

[84] 蒋先玲. 项目融资 [M]. 中国金融出版社 2001 年版.

[85] 马秀岩、卢洪升. 项目融资 [M]. 东北财经大学出版社 2004 年版.

[86] 卢家仪等. 项目融资 [M]. 清华大学出版社 2000 年版.

[87] 张维迎. 博弈论与信息经济学 [M]. 上海人民出版社 2002 年版.

[88] 余池明、张海荣. 城市基础设施投融资 [M]. 中国计划出版社 2004 年版.

[89] 朱会冲、张燎. 基础设施项目投融资理论与实务 [M]. 复旦大学出版社 2002 年版.

[90] 朱柏铭、徐利君. 公债适度规模评判指标的剖析及改进 [J]. 中央财经大学学报，2002 (5).

[91] 匡小平. 论地方财政可持续性的分析方法 [J]. 财经理论与实践（双月刊），2004 (11).

[92] 刘军民．我国地方财政健康程度的评价分析与改进思路［J］．华中师范大学学报（人文社会科学版），2007（3）．

[93] 欧阳华生、裴育．我国地方政府债务的区域比较分析［J］．财经论丛，2006（1）．

[94] 裴育、欧阳华生．我国地方政府债务风险预警理论分析［J］．中国软科学，2007（3）．

[95] 李龙、李东、张玉龙．进一步完善会计制度，把政府债务如实反映在账面上［J］．现代审计与会计，2006（2）．

[96] 王晓光．地方政府债务的风险评价与控制［J］．统计与决策，2005（9）．

[97] 李军杰．地方政府竞争引发调控困境［J］．中国投资，2006（10）．

英文部分：

[1] Aiyagari, S. Rao (1993). "Explaining Financial Market Facts: The Importance of Incomplete Markets and Transaction Costs. "Federal Re2.

[2] Serve Bank of Minneapolis Quarterly Review 17 , 17 –31.

[3] Calvo, Guillermo A. (1998) . "Capital Flows and Capital2Market Crises: The Simple Economics of Sudden Stops ," Journal of Applied Eco2.

[4] Nomics, vol . 1, pp. 35 –54.

[5] Carlos A. Rodriguez. 1977. "A model of exchange rate determination under currency substitution and rational expectations", Journal of Polit2.

[6] Ical Economy 85 , 267 –78.

[7] Enrigue G. Mendoza. 2000. Capital Markets Crisis and Economic Collapse in Emerging Markets: An Informational Frictions Ap-

proach.

[8] American Economic Review, May, vol . 90 No. 2.

[9] Mendoza, Enrique G. (1991a) . "Real Business Cycles in a Small Open Economy," American Economic Review , vol. 81, 797 – 818.

[10] Brennan & Buchanan. The Power to Tax: Analytic Foundations of a Fiscal Constitution [M]. *Cambridge University Press*, 1980.

[11] Buchanan, J. M. , C. J. Goetz. Efficiency limits of fiscal mobility: An assessment of the Tiebout Model [J]. *Journal of Public Economics*, 1972, (1).

[12] Démurger Sylvie. Infrastructure Development and Economic Growth: An Explanation for Regional Disparities in China? [J]. *Journal of Comparative Economics*, 2001, (29).

[13] G. K. Turnbull. The Overspending and Flypaper Effects of Fiscal Illusion: Theory and Empirical Evidence [J]. *Journal of Urban Economics*, 1998, (44).

[14] Golley J. Regional Patterns of Industrial Development during China' [KG – *4] s Economic Transition [J]. *Economics of Transition*, 2002, (10).

[15] June Pallot, Local Government Reform in New Zealand: Options for Public.

[16] Management Governance. http://www.willamette.org/ipmn/test/papers/pallot.htm.

[17] Honohan, Patrick and Daniela, Klingebiel, Controlling Fiscal Costs of Banking.

[18] Crises. Mimeo, World Bank, 2000.

[19] Hana. Polackova, Government Contingent Liability—A Hidden Risk, Quarterly.

[20] Magazine of the IMF, Volume 36, Number 1, March 1999.

[21] Richard M. Bird & Thomas A. Wilson. A Tax Strategy for Ontario. http://www.law-lib.utoronto.ca/investing/index.htm.

[22] The Public Finance Sector Debt Management Strategy in the years 2005 – 2007.

[23] Hana Polackova Brixi & Allen Schick. Government at Risk. Contingent Liabilities and Fiscal Risk. World Bank and Oxford University Press, 2002.

[24] Hana Polackova Brixi & Ashoka mody. Dealing with Government Fiscal Risk: An overview. World Bank and Oxford University Press, 2002.

[25] Hana Polackova Brixi, Hafez, Ghanem & Roumeen, Islam. Fiscal Adjustment.

[26] Feldman, M. S. and Rafaeli, A. (2002). "Organizational routines as sources of connections and understandings". Journal of Management Studies, 39, 3, May, 309 – 31.

[27] Foley, S. and Mahmood, T. (1996). Wal – Mart Stores, Inc., HBS Case #9 – 195 – 126, Boston, MA: Harvard Business School.

[28] Gibbons, R. (2001). "Chapter 7: Firms and other relationships". in P. DiMaggio (ed.), The Twenty – First – Century Firm: Changing Economic Organization in International.

[29] Perspective. Princeton, NJ: Princeton University Press, 186 – 99.

[30] GMA (2002). CPFR Baseline Study: Manufacturer Profile, by KJR Consulting for CPFR Task Force Logistics Committee, Grocery Manufacturers of America, Washington, D. C.

[31] Grean, M. and Shaw, M. J. (2002). "Chapter 8. Sup-

ply – chain partnership between P&G and Wal – Mart". in M. J. Shaw (ed.), E – Business Management: Integration of Web Technologies with Business Models. Norwell, MA: Kluwer Academic Publishers, 155 – 71.

[32] Grossman, S. and Hart, O. (1986). "The costs and benefits of ownership: A theory of vertical and lateral integration". Journal of Political Economy, 94, 4, 691 – 719.

[33] Hart, O. and Moore, J. (1990). "Property rights and the nature of the firm". Journal of Political Economy, 98, 4, 1119 – 58.